日本唯物論史を学ぶ

Makoto Ajisaka
鰺坂 真 著

学習の友社

『日本唯物論史を学ぶ』〔目次〕

序論　なぜ日本唯物論史か

私は学生時代から、西洋近代哲学史、特にドイツ古典哲学（カント、ヘーゲル）およびその影響を強く受けたマルクスの哲学を研究してきました。関西大学で「西洋近代哲学史」を担当してきただけでなく、関西勤労者教育協会や京都労働者学習協議会や兵庫県勤労者学習協議会などでヘーゲルやマルクスの思想を講義させていただいてきました。そういう機会に日本の唯物論思想はどのように発展してきたのかという質問を受けることが多くありました。そこで近年、関西大学を定年退職したあたりから、「日本唯物論史」について講義する機会をたびたび持たせていただきました。今回、労働者教育協会・学習の友社から、これを一冊にして上梓しないかというお勧めがあり、ここにまとめることにしました。

唯物論と言うと、西洋近代の思想で、日本からいうと輸入品であるかのように言われることが多いのですが、そうではなく、古代中国や古代インドにも、古代唯物論が存在しました。それらの影響を受けて、日本でも古くから唯物論思想は存在しました。しかし、日本では仏教や儒教の影響が強く、学問としての哲学の確立が遅れて、宗教思想とか芸術論といった形が多く、哲学としての唯物論は遅れて現れました。唯物論哲学と言える形は江戸時代中期の安藤昌益《あんどうしょうえき》（一七〇七～一七五五）になろうかと思われます。彼は儒教的な教養を基礎にして、独自の唯物論哲学を構築しました。西洋思想とはまったく独立した思想でした。そのあたりから見ていきたいと思います。

唯物論の哲学というものは、旧く古代ギリシアで「哲学」という学問が生れた時からあった考えです。最初の哲学は古代ギリシアのミレトスという地方で始まったと考えられていますが、ミレトス学派の始祖とされるタレスという哲学者が「万物の根源は水である」と言ったのが哲学の始まりであると言われています。それ以前は「万物の創造者は神である」などと神話の形で語られるのが普通でした。

なぜ古代人は、神話の形で世界のあり方を理解しようとしたのかというと、古代人がまだ自分の身体について科学的な知識を持たなかった時代に起源をもつ大問題がありました。「霊魂」＝「精神」の問題です。ここで、エンゲルスの古典的な記述を借りると、「夢の中に現れるものごとから刺激されて彼らが、彼らの思考や感覚を彼らの身体の働きではなくて、この身体に住んでいてその死に際して身体を見捨てて去っていく、特別な霊魂というものの働きであると考えるようになったのであるが、……もしこの霊魂が、人間の死に際して、その肉体から離れて生きつづけるとするならば、この霊魂になお特別な死があるなどと考えだすわけはなかった。こうして、霊魂の不死という観念が生まれたのである。……これと全く似た道筋で、自然の諸力を擬人化して、そこから最初の神々ができたのである」（エンゲルス『フォイエルバッハ論』森宏一訳、新日本出版社、三〇～三一頁）。このようにエンゲルスは、古代において霊魂や神という観念が生み出された事情を解明しています。このような事情によって、古代人は霊魂や神という観念にとらわれて、物事をありのままに認識できず、観念論的に世界を理解する習慣が生まれました。

しかし文明が進み、農耕が進み、金属器時代が到来する時代になると、そのような神話的な、空想的な形ではなく、現実に存在し、人間の五感で確認できる形で、この世界の万物を説明しようとしたのがタレスたちでした。そして万物の根源は水だけではなく、水と土と火と空気の四元ではないか、さらにそれらの根本に「アトム」（原子）というものを考えるべきではないか、などさまざまな説が出てきました。この考え方が「哲学」という学問の最初の形でした。このように現世的な物質的な存在を基礎として、世界を理解し、説明しようというのが唯物論です。

これに対して、神の世界創造など神話的な理解に固執して、唯物論に反対したのが「観念論」の哲学です。つまり最初の哲学は唯物論という形で生まれたのであり、これに反対して神話的・宗教的説明に固執したのが観念論です。

エンゲルスは以上のことをまとめて、さらに次のように書いています。「本源的なものは何であるか、精神かそれとも自然かという問題は……神が世界を創造したのか、それとも世界は永遠の昔から存在しているのかというふうに先鋭化されていった」（同上、三二頁）。そして存在と思考、物質と精神の関係という問題こそ、世界観をめぐる対立・闘争の根本になっていると指摘しています。「この問題にどう答えるかによって、哲学者たちは二つの陣営に分かれた。自然に対して精神の本源性を主張し、したがって結局のところ、何らかの仕方の世界創造を認めた人々は……観念論の陣営を形づくった。自然を本源的なものと見た他の人々は唯物論の種々の学派にぞくする」(同上)。

唯物論と観念論の対立はそれ以来続いてきました。その後、産業の発展と科学・技術の発展を基礎として唯物論は発展しましたが、観念論も宗教や神話だけではなく、人間の意識の能動性などを根拠として、現代にいたるまで形を変えて発展を続けてきました。唯物論は神話的世界観に納得せず、現実の世界をありのままに(客観的・科学的に)真正面から理解しようという性格の「世界観」であるとまとめることができるでしょう。

エンゲルスは以上のような議論を踏まえて次のようにも言っています。「現実の世界――自然および歴史――を、どんな先入見的な観念論的な気まぐれもなしにそれら自然および歴史に近づく者の誰にでも現れるままの姿で、とらえようという決心がなされたのであり、何らの空想的な連関においてではなく、それ自体の連関においてとらえられる事実と一致しないところの、どのような観念論的気まぐれをも、容赦することなく犠牲にしようという決心がなされたのである。そして唯物論は、一般的に言って、これ以上のことを何も意味しない」(同上、六九頁)。

これに反対して、現実の事物は現象にすぎないとして、その現象の背後にイデアとかウシア(実体)とかいう精神的なものを求めようとしたのが、古代ギリシアの観念論でした。むろん現象にとらわれてその背後にある実体とか、本質とかを見失うのは許されませんが、その本質や実体というものを現実から切り離して、観念的に想定するのではなく、あくまで現実に即して現実の背後にある本質なり実体なりを追求しようというのが、唯物論の主張です。これは古代ギリシアに即していえば、アリストテレスおよびそれに連なる古代唯物論者たちでした。この伝統は中世ではスコラ哲学のなかの唯名論の思想に連なります。これがやがてルネッサンスの近代思想に発展するわけです。

ところで、唯物論というと、直ちに党派的・革新的な思想を意味すると思われている場合がありますが、それはちょっと違うということをここで付言しておきたいと思います。唯物論とは上記の通りあくまで現実に即して思考しようということであって、それ自体で革新的とか革命的とかいうことを意味していません。唯物論者であっても保守反動であるというような人物はいくらもいます。以下本論で触れますが、明治時代の東大総長・加藤弘之のような人もいます。彼はダーウィンの進化論に依拠しながら、自由民権運動に反対した御用学者で保守反動というべき人物でした。同じような例は欧米でも多数います。そのようなわけで唯物論的＝革新的とは言えないわけです。

しかし多くの場合、唯物論が革新的・革命的であるのも事実です。それはどういう訳でしょうか。唯物論は現実から出発して物事を思考しますから、歴史的現実のなかの階級矛盾を直視することになりやすいということです。言い換えれば、被抑圧階級は社会的現実に正面から向きあわざるを得ないので、唯物論的に物事を解明する立場にたたざるを得ない。被抑圧階級の意識と唯物論とは親和性が強いといえるということです。

ところで唯物論というと、わが国では、それは輸入の思想であり、わが国の思想的伝統からは外れていると思われている傾向があります。唯物論というと、マルクス主義の印象が強いのでそういうことになるのかもしれません。しかし唯物論は決して西洋渡来の輸入思想ではなく、古代中国の唯物論、あるいは古代インドの唯物論があり、わが国でもこれらの影響を受けて、古くから唯物論思想は存在しました。しかし日本の文化的伝統のなかで哲学的論考は遅く、古代や中世では宗教思想や芸術論の形で語られることが多く、哲学的論考は江戸時代になってから現れることになりました。江戸時代の論考は儒教の研究という形をとることが多く、儒教の枠に囚われていることが多かったため、先駆的な唯物論思想はありましたが、明確に唯物論哲学と言えるものは、安藤昌益をもって嚆矢《こうし》とすることになります。

小著では、幕末から明治・大正・昭和に至る日本における思想対立をとらえたうえで、日本近世の唯物論の代表として、安藤昌益と山片蟠桃《ばんとう》から始め、近代の唯物論哲学を論じることにします（本書は多くの点で、永田広志『日本唯物論史』一九三六年、を参考にしています）。

第一章　幕末から昭和にいたる思想対立

私たちは日本における唯物論の流れをたどって、これを学ぼうとしていますが、この唯物論の潮流と対抗して、支配層と結びついた伝統的な観念論の潮流が存在したわけで、この観念論の潮流との対抗関係で理解しないと唯物論の理解も不十分なものとなりかねないと思われます。そこで、必要な範囲で観念論の潮流をたどって見ておきたいと思います。

1　幕末における日本の思想状況

徳川時代の支配階級である武士のイデオロギーとして発展した儒教は、宗教的観念から解放されておらず、特に神道的な信仰の基礎付けに役立つものでしたが、しかしそれ自体で独自な宗教としての特質を顕著にはもたず、哲学的、倫理的、政治的理論として展開されたという特徴をもっていました。しかし一般人民は古代以来、儒教ではなく仏教によって支配されていましたから、ここに支配者自身のイデオロギーとしての儒教と支配のためのイデオロギーとしての仏教との間に一定の矛盾がありました。したがって仏教に対する儒教側からの批判は、哲学的・認識論的領域において、極めて厳しいものがありました。特に仏教でいう地獄、極楽、因果応報、輪廻《りんね》、須弥山《しゅみせん》など関する神話的表象の暴露は徹底したものでした。その限りで儒者は世界を合理的に説明する科学的思考の発展にいくらか貢献したといえるでしょう。儒教が野蛮な宗教的迷妄への惑溺から支配層である武士階級を救おうとしていたと言えるわけです。そのことによって洋学の摂取のための地ならしがされたということは、福沢諭吉なども主張したところです。

儒教のうちでも特に朱子学は「理」を重視する立場から、観念論的であっても世界の合理的把握を目指していました。ここに洋学（欧米近代文明）の摂取を容易にした側面がありました。ただし、朱子学も無神論ではなく、ただ仏教的世界観を批判しただけであり、したがってブルジョア的なものではなく、封建的支配階級の必要から起こったものでした。それにもかかわらず理論的に見て進歩的な現象であり、維新前後の廃仏運動の理論としては、国学とともに、古来からの国教としての仏教に対する闘争、直接には近代ブルジョア的ではないが、客観的には近代ブルジョアジーの利益に役立つ理論として作用したのでした。

日本のブルジョアジーは自己のイデオローグの力によって封建的支配と戦いうるまでには成長できていなかったために、儒学や国学が封建支配に対する闘争の任務を担わされたということです。言いかえれば、幕末日本の思想状況は、支配層としての武士層は儒教で武装し、一般庶民に対しては仏教が支配して、儒教と仏教とが互いに論争していたのです。こうして、欧米のようにキリスト教が統一的に思想支配・宗教支配をするという体制になっていなかったので、日本では激しい反宗教闘争を伴わないまま、比較的たやすく欧米の近代科学文明や唯物論的な科学的思想を導入することに成功したといえるでしょう。それは他のアジア諸国、例えば中国や朝鮮その他と比べれば明らかです。いわゆる日本の近代化・「文明開化」が比較的に早く進んだ理由でしょう。それで、アジアの盟主だと思い上がり、ひいてはアジア諸国を植民地にしようと侵略を企てるにいたったのは全くの勇み足・勘違いであり、思い上がり・誤りであったことは歴史の証明するところです。とにかく幕末の日本はこのような状況でした。

2　明治初年の思想状況

以上のような文化状況のなかでスタートした明治政府は急速に「文明開化」を進めます。哲学の領域でも東京帝国大学を中心に、欧米諸国の哲学を導入しようとします。初期の東京帝国大学の哲学科の中心は、西周《にしあまね》（一八二九～一八九七）でした。彼は、幕末に山陰の津和野藩の藩医を勤めた藩士の家に生まれて、幼いころから儒学を学び、特に朱子学に親しみ、後に徂徠《そらい》学にも接しました。藩命で江戸の時習堂で講義するように言われ、江戸に出ますが、折から江戸はペリー来航で大騒ぎの最中でした。ここで彼はオランダ語を学ぶことを決意し、手塚律蔵の塾に住み込みます。彼はオランダ語の学習とともに英語にも手を伸ば

西周
(1829～1897)

します。やがて幕府の蕃書調所《ばんしょしらべしょ》の教授手伝になりました。幕府からアメリカに派遣される咸臨丸への随行を希望しましたが認められませんでした。しかし熱心に希望したため、一八六二年津田真道《つだまみち》（一八二九〜一九〇三）とともにオランダ留学が決まりました。時に二人はともに三四歳でした。翌年アムステルダムに着き、ライデン大学に向かいました。ここで彼らは社会科学、人文科学の全般について学ぶとともに、哲学では実証主義の考え方を学びました。そして一八六五年（慶応元年）に帰国します。帰国した彼らは、幅広い啓蒙主義的な活動を開始します。一八六六年に西周は開成所《かいせいじょ》（後の東京帝国大学）の教授に就任し、翌年には上洛中の徳川慶喜《よしのぶ》のためにイギリスの議会制度や三権分立などについて詳しい解説を書きました。また「大政奉還」後の政治体制を「議題草案」という表題で起草したりしました。さらに「万国公法」の翻訳や『百一新論』の執筆を行いました。一八六八年（明治元年）には鳥羽伏見の戦いに敗れた徳川慶喜に付き添って江戸に退去します。その後、沼津兵学校の頭取などをしていました。一八七〇年（明治三年）には明治新政府に招かれて兵務省《へいむしょう》に勤めるとともに、大学の学制取調御用掛を兼務して、明治政府の官途に就くことになります。そして「大学条例」の起草を行うなど、後年は哲学者として教育畑の道をすすむことになります。哲学教授としての彼は、コントの実証主義を自分の立場とすることを明らかにしています。明治六年から八年には明六社の創立にかかわり、『明六雑誌』への寄稿や演説など精力的に活動しています。

『百一新論』では、西周が西洋の学問をわが国に導入するにあたって、学問的基礎的概念を日本語に翻訳することから始めなければなりませんでした。それは「哲学」をはじめ、「形式論理学、数学、物理学、化学、生物、心理、法、歴史、言語、教育」など広範な領域の用語にわたっています。また西洋の学問は方法論的に考察されたものであって、そこでは、疑うこと、実証的であること、合理的であることの大切さが中心に置かれていることが、西や津田たちにもよく理解できたと思われます。こうした理解が可能であったのは、江戸時代の儒学者たちの間でも貝原益軒《かいばらえきけん》、伊藤仁斎《いとうじんさい》、新井白石《あらいはくせき》らの頃からすでに一定の懐疑性、実証性、合理性と思考力の必要性がとなえられていたことによって、裏づけられていたということは忘れられてはならないことでしょう。

さらに『百学連環』という講義録が残っています。ここでは、自分に必要な専門を単に個別的・散発的に学ぶのではなく、体系的な連関において知ること、それによって個々の専門を全体のなかに位置づけながら個別に研究を進めることが重要であるということが述べられています。

このような思想をもっていた西周や津田真道らが、福沢諭吉らを担ぎ出して「明六社」の活動を始めたことは極めて重要なことでした。しかしその明六社が政府の圧力によって活動を停止せざるをえなかったところに、彼ら啓蒙主義者の限界と当時の日本社会の限界を見ることができるでしょう。日本社会ではまだ近代的なブルジョアジーの成長が不十分で、したがって近代的市民社会の形成が不十分ななかで、近代化を進めなければならなかったのでした。彼らの思想も十分に近代的・科学的・唯物論的とは言えず、不十分なものに止まらざるをえませんでしたが、それでも古い儒教的・仏教的観念論とは明らかに異なり、科学的・唯物論的傾向を含んでいました。それはその後の唯物論の発展にとって大きな意味を持っていました。彼らの思想の進歩的な部分は、次の時代の自由民権運動の理論家たちによって継承されていくことになります。

3 「文明開化」から「富国強兵」へ

明治一〇年代における自由民権運動の勃興期以前には、いわゆる洋学者＝啓蒙家たちの世界観は哲学の領域においてはおおよそ実証主義的であり、それも唯物論に傾いたものでした。ところがこの実証主義の伝統から、自然科学的唯物論が明確な形態で出現し、同時にこれと並行して観念論的哲学が台頭しました。もちろん、儒教的・国学的な観念論や神学は以前から存続していましたが、西洋的な哲学の影響を受け理論的に多少なりとも洗練された観念論が起こったのは明治一〇年代でした。

このころ、国会開設運動とともに自由民権運動が台頭し、明治政府もこの自由主義あるいはデモクラシーの潮流を無視できないとみて、国会開設と欽定憲法を発布することを決めました。そして自由民権運動に対抗するため、また国民思想善導のためのイデオロギー支配を強化するため、「教育勅語」の準備を始め、同時に「国家神道」の制度の制定と強化を図ります。このために新しい観念論の哲学が必要とされたのでした。

ここに登場したのが井上哲次郎（一八五五〜一九四四）でした。井上哲次郎は福岡県の生まれで、東京帝国大学卒業後、ドイツに留学し、帰国後、東京帝国大学哲学科の教授を勤めました。彼はドイツ哲学の移入に努め、日本における「ドイツ哲学一辺倒」の風潮の基を開いたと言われる人物です。彼は「現象即実在論」という概念をつくり、『哲学雑誌』に「現象即実在論の要領」という論文を発表しました。彼のいう「現象即実在論」とは、実在と現象とはそれぞれ片方だけで存在するのではなく、したがってその片方だけを実在とする唯物論も唯心論も正しいものではない、という主張です。彼によれば、「実在と現象は、要するに同一の世界」であり、我々は現象と実在とを抽象して区別するけれども、「現象そのものが実在」であり、これはもともと「一身両様同体不離」であり、「根柢より異なるものにあらず」ということになります。これは要するに唯物論と観念論との対立を言葉の上で乗り越えようという折衷主義の議論です。そういう立場から彼はスタートしました。

一八九一年（明治二四年）に井上哲次郎は『教育勅語衍義《えんぎ》』を出版します。「衍義」とは、「意味を押し広め解き明かす」ということですから、要するに『教育勅語衍義』は「教育勅語」の解説書ということになります。天皇の勅語の解説者になったわけです。これは、東大教授井上哲次郎が日本国家主義的な思想界・教育界のなかで最大の権威を得たことの証でした。こうして井上哲次郎は日本の哲学界・思想界に君臨することになったのでした。「教育勅語」は「父母に孝に……夫婦相和し」という、当時として当然の家族の習俗を論じた部分を含みながら、「一旦緩急あれば、義勇公に奉じ」として、徴兵の義務すなわち国家のために一命をささげることを義務づける、超国家主義の主張を押し出したものでした。これを井上哲次郎は哲学者として理論的に合理化し、推進する役割を買って出ることになったのです。

これに対して、中江兆民など自由民権運動の理論家たちは当然、猛反発したのでした。

井上哲次郎
(1855～1944)

4 「富国強兵」から「アジア侵略」へ

明治政府は、国会開設・憲法発布などを要求する自由民権運動をかわして体制を固めるため、欽定憲法を発布し、国会を開設することを決意しました。同時に国民思想の引き締めを図って「教育勅語」を出し、あるいは伊勢神宮を頂点とする国家神道の体制を整えるなどしました。こうして、日本資本主義は天皇制絶対主義の中央集権的な国家体制を確立しました。それと同時に、海外侵略をも開始し、日清戦争を引き起こし、これに勝利するや朝鮮への侵略と植民地化を開始しました。次いで満州へ手を伸ばし、日露戦争で勝利するや、満州の植民地化を開始し、ついでに中国大陸にも手を伸ばし、遂には無謀なアジア・太平洋戦争へと突き進むのです。

哲学の分野では（アカデミーのなかでは）井上哲次郎に続いてドイツ観念論、なかでも新カント派の不可知論的な観念論が教壇を占拠していました。

しかしまた日本資本主義が帝国主義の性格を強めていくにつれてその内部矛盾を深め、マルクス主義の思想が拡大していくのでした。そうなると観念論哲学もその性格を変えざるを得なくなります。そこで登場するのが、西田哲学です。

西田幾多郎《きたろう》（一八七〇～一九四五）は石川県の生まれで、金沢の第四高等学校から東京帝国大学を卒業後、第四高等学校講師となり、その後、山口高等学校教授、第四高等学校教授、学習院教授を経て、一九一〇年に新設の京都帝国大学助教授、一九一三年に教授となりました。その間、一九一一年に『善の研究』を出版して一躍学界の注目を引き、明治以来の日本人による哲学書の最初の独創的なものという評価を得たのでした。「西田哲学」の出発点となるこの著作は、先に見てきた井上哲次郎の「現象即実在論」の延長線上にあり、これを一歩進めて、「主客未分の純粋経験」を唯一の実在と見る主観的観念論を主張するものです。

日本帝国主義が満州事変を引き起こし、天皇制のもとでの軍国主義への傾斜を決定的に深めていくなかで、哲学の面でも「生の哲学」、実存主義、あるいは新ヘーゲル派など一層露骨な非合理主義・国粋主義・日本主義・ファシズムが蔓延《まんえん》しました。西田哲学においても、西田が「絶対無」としての「場所の論理」に到達した『働くものから見るものへ』が一九二七年に出版され、「絶対無」を基礎にすえて思弁的展開を行った『無の自覚的限定』が一九三二年に出版されました。そして一九四〇年には『日本文化の問題』、一九四一年には『哲学論文集　第四』が書かれ、天皇（絶対無）に帰一する日本という思想に到達することになりました。西田も軍国主義・ファシズムの趨勢《すうせい》に流されていったということです。彼の弟子たちのなかには、自由主義者の三木清も唯物論者の戸坂潤もいました。戸坂は徹底的に戦争に反対し、思想的にも民主主義と唯物論を貫きました。しかし西田が定年退職した後の京大教授であった高山岩男《こうやまいわお》、高坂正顕《こうさかまさあき》、西谷啓二《にしたにけいじ》、鈴木成高《すずきしげたか》（いわゆる四人組）らの弟子たちは「世界史の哲学」を提唱して、積極的にアジア・太平洋戦争の合理化と扇動・鼓舞をやったのでした。

戦後になって、「世界史の哲学」のいわゆる四人組は戦争責任を問われて、公職追放となりましたが、数年後に高坂正顕は京大教育学部に、西谷啓二は京大文学部に復帰しています。そして京大文学部哲学科は、これら先輩たちの戦争協力に一定の反省を示し、戦時中不遇に追いやられていた田中美知太郎、野田又夫らを京大に呼び戻したという面があります。しかしナチスに協力した非合理主義者・実存主義者であるハイデガーを研究する哲学者も少なからず輩出される伝統が形成されたことも忘れてはならぬことと言わなければならないでしょう。

第二章　江戸時代の唯物論者――安藤昌益

1　安藤昌益の思想の歴史的意義――明確な唯物論的世界観

江戸時代の知識層の世界観が、儒教と仏教で固められていた状況のなかで、安藤昌益《あんどうしょうえき》（一七〇七～一七五五）は明確に儒教や仏教の世界観を否定して、唯物論的世界観を主張し、また徳川幕藩体制の武士の世を否定し、階級のない社会を主張した思想家でした。なぜそのような思想家が生まれたのか、その時代的状況を検討することから始めます。

安藤昌益は東北・秋田県の出身で、八戸《はちのへ》あたりで活動していた医者でした。東洋医学の立場から、生物学的次元まで掘り下げて、徹底した平等主義の世界観・唯物論的世界観をつくり上げました。彼の思想形成の基礎は中国の思想であり、宋学や陰陽五行説などの影響が見られるものの、徹底した自然主義の立場から当時としては稀有な唯物論的な世界観をつくり出したのでした。そのような医者としての唯物論から、階級社会を否定し、男女平等を主張するなど、徹底した平等主義の世界観を生み出すには、当然、江戸時代半ば（一八世紀）の時代背景が問題となります。

安藤昌益の生年も没年も、出生地も正確には不明ですが、近年の研究で生年は一七〇七年（宝永四年）と推定されています。いわゆる元禄時代以後で、徳川幕藩体制のゆきづまりが、さまざまな社会的矛盾を生み出した時代でした。徳川幕府の封建的支配に寄生して成長した高利貸資本＝商業資本の進出による農村の疲弊・農民生活の悪化、そこから起こる農民層の反抗の気分などが彼の世界観には十分表れています。また一八世紀には富士山の噴火や、享保《きょうほう》の大飢饉など、自然災害が頻発するなどのことがあり、農民生活の悪化に拍車がかかり、農民一揆が頻発するようになるのもこの時代でした。このような農民の気分が安藤昌益の思想に反映されています。

安藤昌益は医者として、江戸や上方から遠く離れた東北の農民たちの暮らしをつぶさに見聞しながら、徳川幕藩体制の矛盾を痛切に感じ取り、秋田の農民たちの心に寄り添い、不合理な世の中を打開する道を考えました。そして医者の仕事の域を超えて、警世の思想家としての性格を強めていったものと思われます。しかし封建制や幕藩体制の批判を公然と行うことは、当然不可能でしたから、密かに少数の弟子たちを相手に講義を行い、思想家としての著作を残したのでした。

2　安藤昌益の著作

安藤昌益のライフワークは『自然真営道』です。これには、一七五三年（宝暦三年）に刊行された刊本『自然真営道』三巻三冊と、他に稿本『自然真営道』一〇一巻九三冊とがあります。別に『統道真伝』がありますが、これらは長く世間に知られずにいました。「忘れられた思想家」といわれる所《ゆ》以《えん》です（ハーバード・ノーマン『忘れられた思想家』一九五〇年、岩波新書）。明治末年になって、狩野亨吉《こうきち》によって発見されて、世間を驚かせることとなりました。刊本と稿本とはかなり内容が異なりますが、なぜそうなるのか、不明な点があり、また稿本が昌益本人の筆になるのか、門人が筆記したものかは不明です。しかし近年解明されてきたことは、まず刊本が書かれ、次いで稿本巻一ないし巻九および『統道真伝』、そして稿本（大序・巻二四・二五など）という順序で書かれたのであろうということです。

稿本『自然真営道』九三冊は、明治三二年に、古本屋から狩野亨吉に持ち込まれ、狩野はこれを購入して研究し、これが極めて重要な書物であることを解明し、『世界思潮』第三冊（岩波書店、昭和三年）に「安藤昌益」という論文を発表して、安藤昌益を世間に紹介したのでした。狩野亨吉は東京帝国大学の数学科と哲学科で学び、第一高等学校校長を務めた後、京都帝国大学が創設された際に初代文科大学長（文学部長）に就任し、西田幾多郎や内藤湖南、狩野直喜などを招聘し、京大文学部の基礎を築き、さらに昭和になり戸坂潤らが「唯物論研究会」を設立した時には、その機関誌『唯物論研究』創刊号の対談に登場するなど、啓蒙主義的な異色の学者でした。

安藤昌益（像）
(1707～1755)

ところが稿本『自然真営道』九三冊は東京帝国大学図書館によって買い上げられて収蔵されていましたが、大正一二年の関東大震災によって焼失してしまいました。しかし「大序」ほか第一から第九、および第二四と第二五の一二巻・一二冊は図書館から貸し出されていて、焼失を免れたのは幸いであったというべきでしょう。この「大序」は全巻の思想を総括したものと思われ、昌益の概念構成の全貌を知ることができるものであるからです。安藤昌益のような反封建の唯物論者の長く埋もれていた著作が、明治の末年に発見され、大正時代に研究され、昭和三年に世間に紹介されたということは、やはり時代の経過と雰囲気（大正デモクラシーの雰囲気）というものを感じさせます。

3　安藤昌益の思想

(1) 自然主義的唯物論

安藤昌益の思想の中心カテゴリーは「自然」であると考えられます。『自然真営道』の「大序」は、次の文章から始まります。

「自然とは互性妙道の号なり」。この「互性」というのも、昌益の造語ですが、現代の用語に直せば「対立物の相互連関」というようなことになります。「互性」を「対立性」と訳しておきましょう。そうすると、先の文は「自然とは、対立性〔互性〕の統一原理〔妙道〕の呼び名である」ということになります（〔　〕内は昌益の用語を示します）。つまり、自然はさまざまな対立を含みながら、同時にその対立物は切り離しがたく統一しているということです。安藤昌益はかなり独特の漢文体で書いていて、造語も多いのですが、「互性」というのは彼の思想が単に唯物論的であるというにとどまらず、素朴ではあるが、弁証法的な思想であるということが言えそうです。

そして、「互性とは何ぞ」から始まる文章を現代文に直せば、次のようになるでしょう。

「対立性とは何か。私は言おう。始まりもなく終わりもない根源的実在〔土活真〕の自己運動性を持ち、小さくまたは大きく前進し後退している」。彼の根本理念である「自然」について、このように言っているのは、彼が自然について弁証法的に把握していたのだと思われます。続いて昌益は言います。

「小さく前進する木の気・大きく前進する火の気・小さく後退する金の気・大きく後退する水の気の四行であって、この四行が自己運動して前進・後退することによって分化し、八つの気として対立する。木の気は始まりを主宰し、その本性は水の気だ。水の気は終わりを主宰し、その本性は木の気だ。だから木の気は始まりでもなく、水の気は終わりでもない。始まりもなく終わりもないのだ。火の気は発動・始まりを主宰するが、その本性は収納・終わりであり、金の気は収納・終わりを主宰するが、その本性は発動・始まりだ。だから、始まりも終わりもないのだ。これが統一原理〔妙道〕なのだ。「妙」は対立の統一であり、「道」は、対立物間の運動性（つまり法則）だ。これが根源的実在の自己運動であって、教えず・習わず・増えず・減らず、自然にそうなるのだ。だから、これを自然という」。

このような表現には、東洋思想の陰陽五行説の影響が見られますが、「土活真の自行」（根源的実在の自己運動）などと言っている点など、彼は旧い陰陽五行説の用語を使いながら、自然概念を弁証法的に理解しようとしていると言えるでしょう。

さらに「土活真」（根源的実在）についても、次のように言います。

「根源的実在については、土の気は天地〔転定〕の中央に陸地として位置し、土の気の精髄である根源的実在は、天の中央である北極星に位置し、活動力に満ちて始まりもなく終わりもなく、常に運動して停止・死滅を知らない。根源的実在の位置する場は、減りも増えもせず、その自己運動は一瞬間も停止することがない。活動力に満ち溢れているからだ」。ここには天地の万物を活動・自己運動として理解しようという昌益の唯物論が活写されています。

ここから彼はさらに進んで、「直耕」という独自の概念を導いています。それは生産活動を意味します。

「太陽と月は対立し、昼と夜は対立する。金の気は八つの気の対立をそのなかにそなえて八層の天・八方の星になる。太陽と月に根源的実在の気が合一し、天をめぐり、くだって地をめぐり、八つの気の対立性をそなえて、前進する気は北東・北西・南東・南西に、後退する気は東・西・南・北にあって、春夏秋冬〔四時〕や初春・晩春・初夏・晩夏・初秋・晩秋・初冬・晩冬〔八節〕を生じ、天にのぼり、のぼってはくだり、中央の陸地と合一して、気の運行が通行か横行か逆行かを決定し、穀物・人・鳥獣虫魚〔四類〕・草木を生み出す。これが根源的実在の始まりも終わりもない生産活動〔直耕〕なのだ。……人も万物もすべて根源的実在の分身だ。これを根源的実在の営為の原理〔営道〕という。だから八つの気が対立しているのは、自然にそうなったのであり、根源的実在は一元的〔無二活〕・流動的〔不住一〕な自己運動であって、人・万物が活動力にあふれているのは、根源的実在の営為の原理なのだ。このために、天地・人・万物、あらゆる現象〔事〕・法則〔理〕、微細なちりに至るまで、語り・沈黙し・活動し・静止して、ただこの自然のままの根源的実在の営為の原理〔自然活真営道』をつくしている。だからわたしが持論をまとめた書物の題名を『自然真営道』とするのは、このためだ」。

安藤昌益のいう自然は、自己運動し、自己発展を続けている生きた自然です。死んだ機械的な自然ではない。人間もまたこの生きた自然の一部であり、自ら動き自ら働き・生産し、自らとその種（子孫）を生産するものと規定されています。

そのような観点から、昌益は人間社会についても、人間の生産労働を中軸に議論を進め、生産労働に従事する勤労人民が社会の中心を担っているとして評価し、学者・医者あるいは知識人などは「不耕・貪食の輩《やから》」として厳しく批判しています。さらにそこから武士など支配階級への批判を展開しています。彼は自然主義的で農民中心的な思想から、さらに社会批判を展開し、無階級社会を展望するという立場に立つことになります。

（2）農民的で自然主義的なユートピア的社会批判

『自然真営道』の大序のなかで、「私がこの書物を書いているのは、自然のままの根源的実在が自己活動しているさまを、ありのまま書いているのであって、聖人・釈迦・老子・荘子・医者・神道家・賢人・学者たちのまだ知らないこと、まだ言っていないことだけを書いているのだ」と言い、既存の思想・理論に対する不信を繰り返し述べています。たとえば次のように言います。

「聖人が言う、『自己を修練し、家をととのえ、国を統治し、天下を平和にする』。天下の学者はこの言葉を尊重する。この言葉は貴重なものだろうか。凶作の年にあうと、自分では耕作せず他人の生産物を盗んで生活する学者どもは、率先して自己を修練できず、飢えに苦しんで、耕作を行っている人民をむやみにむさぼりつくすか、あるいは餓死したりする。耕作に従っている人民がいうには、『学者は貴い人だというからには、凶作になって作物がみのらないときも、飢えたりせず寒い思いもしないかとおもっていたが、人民に先立って飢えに苦しんでいる。こうしてみると、学者や文字・書物は人の役に立たない。かえって人に害を与えるものだ。憎まなければならないものは文字と書物なのだ』。儒教・仏教・医道・老子・荘子・神道などこしらえごとをする連中、つまり自分は耕作せず他人の生産物を盗んで食べて文字や書物にかかわりあうことだけを仕事にしている者は、文字も知らず書物も読めない人民に非難されても、何一つということが出来ない。もともと文字や書物の学問にかかわることは、天道つまり根源的実在の原理を盗む罪に当たるのだから、こうなるのだ。自分自身の生命を保つことすらできないで、どうして国家や天下を統治することが出来ようか。このことがわからないものが儒教・仏教の学者だ。だから、文字や書物は天下の非常な怨みの的《まと》なのだ」。

安藤昌益は勤労人民の立場から、生産労働をしないインテリ層・学者や医者や宗教者など不耕・貪《どん》食《よく》の輩を痛烈に批判しています。しかし彼はこれらインテリ層の批判だけではなく、支配階級、そして国王などの批判まで行っています。あるいはむしろこの支配階級批判を言うことが中心であって、その前段としてインテリ層の批判を行っているのかもしれません。

昌益は、国王を批判するに先だって、「聖人（孔子）や釈迦」をそしるのは、先例があると言い、老子が「大道廃れて仁義起こる」と言った先例があると言い、また『荘子』雑編でも「聖人を以って大盗と為す」と言って、孔子を非難している点を挙げていますが、これは次のように国王を批判するためのいわば言い訳みたいなものです。

昌益は、周の三王の一人・伏羲《ふっき》を主人公にして、彼が飼育していた昆虫（かまきり）との逸話を記述しています。

「かまきりは言う。『おまえ、王よ。わたしに食物をくれるのは、仁を実践してみるためなのだろう。わたしにくれる食物は、人民が生産した穀物に違いない。お前は耕作せずに他人の生産物をむさぼって、天の真実の原理を盗むのだから、おまえのものとしては一粒の穀物もあるはずがない。きっと人民の生産物の余剰をわたしにくれたのだろう。わたしは虫だけれども盗んだもののわけまえを食べはしない。おまえたちはよく道理を弁別せよ。（人の営為はみな同一なのだから）人は天下にただ一人だといえる。一人である天下に生まれたからには、耕作して根源的実在とともに衣食生活をするがよい。一人だけしかいない天下で、一体だれを統治するために王になるのか。誰に対しての王なのか。おまえは、耕作せずに他人の生産物をむさぼって天の法則を盗むから、天下の盗賊の開祖に他ならない。このことを弁別せずに、王と名乗って宮殿を立て、それを宮廷と呼んで住んでいる。これも拘束のうちだから、籠《かご》のなかと同じだ。わたしをとらえて籠のなかに入れるのも、お前が宮廷にいるのも、籠はつまり籠なのだ。おまえは自分でこしらえ事ごとをして、自分で拘束のなかにいながら、天が与えている野原に生まれ、そこで遊んでいるわたしをとらえて籠に入れてしまい、罪のないわたしを処罰して、自分で罪作りをしている。おまえには罪がないと思うのは、虫にもおよばない片寄った考えだ。生きているときに悪事をするのだから、死んだらすぐに私と同じく虫になってしまうに違いない。わたしはそれを待っている』。こう言って、かまきりはすぐに飛び去っていった。これは『荘子』のたとえ話のように、王を誹《そし》る話などではない。人間でも、根源的実在の対立の統一原理を誤ると、統一原理を体得している虫にも及ばなくなるので、重要なことは、根源的実在の原理を明らかにすることだけだということだ」。

昌益はこの昆虫の話を、『老子』や『荘子』のなかの寓話のように書いていますが、先人たちの研究によれば、これは古典に出てくる寓話ではなく、昌益の創作だということです。彼はこのような創作をしてまで、国王（権力者・支配者）を誹《そし》る文章を残そうとしたのでしょう。

4 結び

安藤昌益の著作は、明治末年に、狩野亨吉によって発見され、昭和三年（一九二八年）に『世界思潮』第三冊に紹介されました。一九三〇年には渡辺大濤《たいとう》氏によって『安藤昌益と自然真営道』が出版されました。これらの文献に依拠して、連合国占領軍の一員として日本にやってきた歴史家・ハーバート・ノーマンが『忘れられた思想家』（岩波新書、一九五〇年）を出版しました。これによって安藤昌益の名は一般にも広く知られるようになりました。

＊ ハーバート・ノーマンは、父親が日本に派遣された宣教師で、彼は日本生まれの日本育ちのカナダ人でしたが、大学で歴史学を学ぶためにカナダに帰国し、GHQのカナダ代表部主席として日本にやってきました。その後、カナダの外交官としてエジプトに派遣されていましたが、マッカーシーの赤狩りの騒ぎに巻き込まれ、カイロで自殺しました。

その後、少なからぬ人が資料の発掘や研究を続けてきましたが、そのなかで安藤昌益に対するさまざまな評価がなされてきました。そのうちで、渡辺大濤らの人びとは、昌益が単に唯物論者であっただけではなく、弟子たちを組織して幕藩体制を打破する農民戦争を準備しようとしていたのではないかという説を出しています。しかしその説には無理があると思われます。この説は、昌益が弟子たちを京都や大阪などにも配置していた事実などを根拠としてのことですが、昌益の唯一の刊本『自然真営道』が京都の書店から出版されていることを考えれば、そのための費用の工面、および販売などのための協力者であって、農民戦争の準備とは考えにくいというべきです。しかし昌益をドイツ農民戦争の指導者トマス・ミュンツァー（一四九〇頃〜一五二五）に比する議論には聞くべきところがあると思われます。トマス・ミュンツァーはルター派の牧師でしたが、師のルターの穏健路線に飽き足らず、農民戦争の指導者として戦い、農民たちと生死をともにした人物でした。しかし日本の当時の情勢は、農民一揆の多発などはありましたが、ドイツの一六世紀のような民衆蜂起の情勢ではなかった点を考慮しないわけにはいかないところです。だが安藤昌益の思想のなかには、明らかに空想的社会主義的な無階級社会を目指す志向があり、思想的にはトマス・ミュンツァーに通ずるものがあったのは間違いありません。

第三章　大阪の町人学者・無神論者・唯物論者――山片蟠桃

山片蟠桃《やまがたばんとう》（一七四八～一八二一）は江戸時代の末の人ですが、幕末というよりは少し早い時期の人です。大阪で大名貸しなどもしていた升屋《ますや》の番頭を勤めていた大商人と言える人です。懐徳堂《かいとくどう》で学び、晩年隠居して『夢の代《しろ》』という無神論・唯物論で貫かれた大著を著しました。近代の自然科学・社会科学に立脚した近代唯物論とは言えませんが、近代唯物論の準備期の唯物論者と言えましょう。

1　江戸時代の思想状況

一七世紀から一八世紀にかけて江戸時代の学問は儒教が中心の時代でした。もちろん仏教も広がっていて、幕府は農村などの庶民を、寺を中心に仏教で思想支配していましたが、当時のインテリである武士の思想は儒教でした。幕府は昌平黌《しょうへいこう》（昌平坂学問所）という最高学府を江戸に置き、学問の中心は儒教でした。そのなかでも、朱子学が主流でしたが、他に陽明学や徂徠《そらい》学という学派もありました。山片蟠桃も懐徳堂で朱子学を学び、学問の道に進みましたが、やがてこれを乗り越えていきました。

朱子学というのは、孔子の教えをもとにしながら、天地の根源に万物の根拠として「理」（ことわり・ものの道理）という存在があるという学説です。西洋式に言うと、物事の根源に「ロゴス」という存在があり、このロゴスにしたがって万物があるという考え方です。これはどう見ても観念論的な思想というしかありませんが、しかし朱子学派は、この「理」を論理的な思惟によって、理性的にとらえることのできるものと考えるので、その面から仏教や神道やその他の原始宗教的な世界観に批判的に対峙することができたと思われます。同時にまた、この「理」は客観的に存在するというわけですから、この態度は「陽明学」におけるような主観主義よりは、容易に客観的な自然研究（洋学などの）に結び付くことができたとも言えましょう。山片蟠桃は朱子学のこのような合理的な面を引きつぎ、その観念論的な面を克服できたのでしょう。

このように見てくると、ここに明治時代の学問・思想との連続性を感じざるをえません。普通、明治時代というのは、明治政府が「文明開化」ということで「富国強兵」「殖産興業」を目指し、ヨーロッパの学問を導入して、欧米の文化の移入から始まったと考えられていますが、山片蟠桃などを見ていると、明治の文明開化の準備はすでに江戸時代から始まっているということ、江戸と明治の連続性という面を感じさせられます。

山片蟠桃（像）
（1748～1821）

2　大阪町人の学問所――懐徳堂

山片蟠桃は大阪町人の学問所と言われる懐徳堂で学びました。懐徳堂は大阪の町人たちが資金を集めて、一七二四年に設立し、一七二六年に幕府の認可が得られました。江戸には武士の子弟を教育する昌平黌がありましたが、町人たちが自分で資金を集めた高等教育機関はありませんでした。懐徳堂は天下の台所と言われた大阪の独特の高等教育機関でした。山片蟠桃は若いころからここで、中井竹《ちく》山《ざん》、中井履軒《りけん》という兄弟の儒学者・朱子学者に漢学を学びました。またここで麻田剛立《ごうりゅう》という蘭学者から蘭学も学びました。麻田は長崎で蘭学を学び、オランダ語を修得して、自分で観測器械を組み立てて天体観測を行っていた人です。当時としては時代の先端を行く天文学者・自然科学者でした。山片蟠桃はこの人から地動説を学んでいます。山片蟠桃の著書『夢の代《しろ》』には、地動説が詳しく展開されています。彼は地動説を学説として学んだだけではなく、麻田とともに天体観測をも行ったと言われています。

懐徳堂がユニークであったのは、町人の学問所であっただけではありません。初期の教師であった五井蘭州が残した文章のなかで、これまで、教室では武士が上座とされていたのを廃止し、「書生の交わりは、貴賤貧富を論ぜず、同輩と為すべきこと、ただし、大人小子の弁は、これあるべく候《そうろう》。座席などは、新旧長幼、学術の深浅をもって面々推譲《すいじょう》致さるべく候」と書いているように、近代的な雰囲気のある学問所でした。

3　山片蟠桃の生涯——大商人・升屋の番頭

山片蟠桃（本名・長谷川惣五郎）は、播州加古川の西の神爪村《かづめ》（現・高砂市《たかさご》）の農民の出です。彼の父親は農業のかたわら、綿糸の取引を行っていたと言われています。綿糸はこのあたりの重要な換金作物でした。彼は、叔父さんの伝手《つて》で、一三歳の時に大阪の堂島の升屋に働きに出ました。升屋というのは堂島で大きな米の取引、米相場をやっていた大商人でした。堂島の米相場の会所で各藩の米が集められ、売り買いされて江戸や各地に売りさばかれていました。しかも当時すでに現代の資本主義が行っているような先物相場も行われていました。これは来年が豊作だか凶作だか分からないのに来年の米の値段を決めて相場を張るわけですから、当たれば大儲け、当たらなければ大損という博打のような商売です。

彼は、番頭になってこの事業に手を染め、大儲けをしたということが語られています。ともかく彼は経済の実務を知っていて、一時は落ち目になった升屋を一〇年ほどで立て直すという手柄を立てました。升屋で関係の深かったのは仙台藩でしたが、仙台藩の米を一手に引き受けて、手数料を稼ぐというようなやり方で、仙台藩も儲かり升屋も儲かるというように実務にたけていたようです。やがて升屋は多くの藩に金を貸す大商人になっていました。升屋は番頭の功績を高く評価し、升屋の主人である山片家の分家として、この番頭に一代限りですが山片姓を名乗らせることになります。またこのころから蟠桃（番頭の意味であると言われます）と号したのです。彼は一八二〇年に升屋の勤めを引退し、『夢の代《しろ》』という著書を執筆することに専念します。

4　主著『夢の代』について

山片蟠桃の主著は『夢の代』です。この著書ができ上がったのは一八二〇年ごろですが、書き始めたのは一八〇二年ごろと言われています。構成は、「天文」、「地理」、「神代」、「歴代」、「制度」、「経済」、「経論」、「雑書」、「異端」、「無鬼」（上）、「無鬼」（下）、「雑論」、となっています。「天文」は天文学、「地理」は世界地理、「神代」・「歴代」は歴史、「経論」は財政、「無鬼」（上）（下）は鬼などというものは無いという唯物論的な議論です。『夢の代』の多くは懐徳堂で学んだことを基礎にしてまとめていますが、彼の実業家としての現実感覚に基づいて、社会や経済について縦横に論じたものであるとともに、蘭学者・麻田剛立に学んだ地動説などヨーロッパの近代科学の知識をも駆使して、従来の仏教や神道の非科学的な宇宙観や前近代的な世界観を批判しています。また朱子学的合理主義を徹底させて、仏教や神道はもとより、当時の儒者たちの、死後の霊魂不滅や鬼神の存在を認める観念論的世界観をあらゆる角度から批判して唯物論的世界観を展開したのです。かつて内藤湖南がこの山片蟠桃の『夢の代』を評して、「在来の物の考え方、学門の仕方に対して、根本的に疑いを発して、自家独自の見解を打ち立てた」ものであると述べ、富永仲基の『出定後語』と三浦梅園の『三語』と並べてこれを称賛していることを付記しておきます。

(1) 地動説について

山片蟠桃はオランダ語を学んでいません。地動説などは蘭学者の麻田剛立に学んだのです。彼は邦訳や漢訳から西洋の近代科学を学び、彼のもともとの教養である朱子学の経験的合理主義の側面を徹底させて、前近代的な世界観を批判していったと言えましょう。彼は朱子学的観点から、「天」についての学問を根本的と考えていて、天を出発点として天・地・人とつらなる系列を承認しています。つまり天文学の知識と人倫の問題を連続的にとらえています。彼は儒教的な天についての考え方と、西洋の近代天文学が対象とする地動説的な太陽系の天（太陽）とを同一視しているところがあります。この観点から彼は西洋の地動説を、さらに近代自然科学全体を受け入れて、その合理的・科学的・唯物論的な精神で、当時の前近代的な東洋の儒教的・仏教的・神道的な世界観を批判したのです。

さらに、彼はこのような観点から「実学」という言葉を使って、経験科学の重要性を説き、古来の日本の学問が「記謡詩章」の学だけで、「実学」がなく、鬼神に惑わされたりしていたが、これからは実学を盛んにせねばならぬと言っています。この考えは、後の福沢諭吉の『学問のすすめ』に先立つ近代的な考えと言うべきでしょう。

彼はこのような合理的・科学的観点から、仏教的な前近代的な須弥山《しゅみせん》説や、神道の宇宙開闢《かいびゃく》論などをも批判しています。いざなぎ・いざなみの二神が「国土の君たるべきもの」を生んだというのは、矛盾であると言います。民あって後に君あるのでなければならない。先に君たるべきものが生れるというのは矛盾であるというのです。しかもこの宇宙開闢論をもとにして、本居宣長のような国学者が伊勢神宮を日本の中心であるだけではなく、世界全体の中心であるかのような「八紘一宇《はっこういちう》」論を述べているのは誤りであると主張していることなどは、彼の理性的な宗教観を示すものと言えましょう。また彼は古代史について、神武より一四～一五代は怪しく、「応神よりは確実とすべし」と述べていますが、この鋭い洞察は二〇世紀の津田左右吉の学説や現代の歴史学の先取りとも言えましょう。

(2) 無鬼論

彼の合理的・唯物論的思想は『夢の代』の無鬼論で、さらに鮮やかに展開されています。彼の無鬼論というのは、霊魂とは何か、霊魂不滅論というのは正しいかという問題に対して、明確に唯物論的な無神論を主張した議論です。霊魂不滅という議論は日本的にも世界的にも関心事であり続けた問題です。しかし彼は明確に霊魂不滅説を否定し、肉体の死とともに精神作用も終わり、「鬼」というような名前で古来語られてきた死後の霊魂は存在しないと断言しています。彼の唯物論的世界観はここに明確に表現されています。

孔子自身は、死について問われて「いまだ生を知らず、いわんや死をや」といって「死」については語らなかったと言われていますが、当時でも現代でも、死後の世界を否定しきれない人びとが多くいます。また当時としては最も優れた合理主義的儒学者であった新井白石が『鬼神論』を書いたことも念頭にあったのでしょう。山片蟠桃はこれに対して、明確に科学的・唯物論的に死後の霊魂不滅説を否定したのでした。彼は朱子学から出発しながら、ここで朱子学の観念論的側面を抜け出て、明確な唯物論的世界観に到達したと言うことができるでしょう。

このような無鬼論の基礎にあるのは儒教的な自然主義とでもいうべき考え方です。人間も自然の一部であって、特別のものではないというものです。「人の生ずるは草木の萌生《ほうせい》するが如く、その死するは枯るるが如し。またその子あるは種実を播きて生ずるが如し。すべて一盛一衰の道理。生まれてだんだんと陽気盛んになりても、また遂に衰え、命尽きて死し、消散して土に帰す」。人間も自然の一部であって、何ら特別のものではないというのです。あるいは「その魂魄《こんぱく》というもの、生じれば有、死すれば無、これを有無というて可なり」。霊魂は人間の生とともに有り、死とともに無し、と考えれば、疑わしいことはなくなるというのです。彼の世界観の基礎には、人間も自然の一部であるという、このような自然主義的な唯物論があります。

彼の『夢の代』は次の短歌二首で結ばれています。

「地獄なし極楽もなし我もなし　ただ有る物は人と万物」

「神仏化物もなし　世の中に　奇妙不思議のことはなをなし」

(3) 社会的には現状肯定の現実主義者

以上述べてきたように、彼の自然観・宇宙観は徹底した唯物論でしたが、政治的・社会的な面では、彼は当時の封建制、すなわち徳川幕藩体制について、何ら批判的な観点を持っていませんでした。天下の台所と言われた大阪の大商人として、彼は社会的・政治的な体制批判の観点には立っていませんでした。その点では安藤昌益とは全く異なる立場の思想家でした。安藤昌益は東北地方の貧しい農村の医者という立場でしたが、山片蟠桃は大阪の大商人であったという生活基盤の違いは明らかです。したがって安藤昌益は農民的唯物論者でしたが、山片蟠桃は大都市大阪の大商人としての唯物論者でした。やがて近代都市のブルジョア社会を開拓していく使命を担っていた階層の人物でした。社会的・政治的には保守的・現状肯定的となるのは当然のことでした。しかも彼が生きた一八世紀後半から一九世紀初頭は徳川幕藩体制の比較的安定期であり、まだ欧米の黒船はやってきていない時期であり、欧米列強もまだアジア侵略を露骨に進める以前の時期でした。したがって彼は全く政治的には現状肯定的でした。しかし封建社会のなかで農業生産力の成長が進み、やがて来るべき新しい社会の胎動が始まっており、近代科学文明の成長が開始し始めていた時期でした。まだ産業資本は誕生しておらず、商業資本あるいは高利貸資本が活動を始めていた時期に、そういう時期の進歩的知識人として山片蟠桃のような唯物論者が登場してきたのでした。安藤昌益は農民のなかに埋もれた反骨の知識人として東北の農村で生涯を終えましたが、山片蟠桃は成功した大商人として生涯を閉じました。

第四章　幕末・明治の啓蒙主義者・唯物論者――福沢諭吉

福沢諭吉（一八三五～一九〇一）は、幕末・明治における優れた啓蒙主義者であり、唯物論者でした。特に明治初年に刊行された『学問のすすめ』や『文明論の概略』などの著作によって、日本の近代化を唱道し、反封建の近代化を唱えた当時の日本の啓蒙主義のリーダーでした。思想的には、一八世紀ヨーロッパの唯物論者と同じ思想を展開しました。そして慶応義塾大学の創始者としても日本の近代化にとって大きな役割を果たしました。しかし晩年、慶応義塾大学の経営者として保守化し、政府と妥協し、日清・日露の戦争に反対せず、むしろ賛成の立場を取りました。晩年の彼が「脱亜論」という文章を書いていることから、彼を「アジア侵略主義者」と批判する向きがありますが、それは言い過ぎと言うべきでしょう。この点も以下で検討したいと思います。

1　福沢諭吉の生涯

福沢諭吉は大阪生まれの大阪育ちの人物です。彼の父親は豊前中津《ぶぜんなかつ》藩の下級武士でしたが、大阪の蔵屋敷に勤務する役目であったので、彼は大阪で生まれ大阪で育ったのです。二〇歳のころ蘭学を志して長崎に遊学しますが、二年で大阪に戻り、緒方洪庵《おがたこうあん》の適塾《てきじゅく》で学び、やがて塾頭になります。そして一八五九年、藩命により江戸に出て蘭学塾を開きます。しかし開港された横浜で英語の必要に気づき、英語も学びました。一八六〇年一月、幕府の使節・木村摂津守の従者として咸臨丸《かんりんまる》で渡米し、五月に帰国しました。一八六一年一二月には幕府の使節団の一員としてヨーロッパへ行き、フランス、イギリス、オランダ、プロシア、ロシア、ポルトガルをまわり、翌年に帰国しました。一八六七年一月には幕府が注文した軍艦を受け取りに委員の随員として再び渡米し、六月帰国しました。一八六八年が明治維新ですが、彼はその前、幕末に三度も外遊し、書物を読み、当代有数の外国通となりました。その知識を生かして、『外国事情』(一八六六年)を、明治維新後には『学問のすすめ』(一八七三年)、『文明論の概略』(一八七六年)を出版しました。これらは当時の大ベストセラーとなり、当時の知識人に大きな影響をあたえ、文明開化の機運を高めるうえで、大きな原動力となりました。先進欧米諸国の産業・文化・政治制度・風俗習慣その他文明全般を紹介しながら、わが国の封建制に対して鋭い批判を加え、欧米の近代思想に基づく個人の尊重、現代の言葉で言えば基本的人権の重要性を説き、ブルジョア自由主義・個人主義を強調しました。当時、貧富の格差拡大などの資本主義の矛盾に関わる諸問題は顕在化していない段階なので、当然、資本主義批判の観点はなく、もっぱら殖産興業により先進国に肩を並べることが強調されています。彼は反儒教・反封建の思想を主張し、「官尊民卑」「男尊女卑」を批判して、近代社会を目指すべきことを主張しました。

2　福沢諭吉の著作――『学問のすすめ』を中心に

(1)『学問のすすめ』について

当時の大ベストセラー『学問のすすめ』から始めることにしましょう。

この『学問のすすめ』は「天は人の上に人を造らず人の下に人を造らずといへり」という有名な言葉で始まります。「といへり」というのは、「と言われている」ということですから、福沢本人の言葉ではないという人が出てきているわけですが、それは後から論じることにして、福沢は少なくとも「天は人の上に人を造らず人の下に人を造らず」という西洋近代の自由人権の平等思想に反対ではなかったことは明らかです。

福沢諭吉
(1835～1901)

『学問のすすめ』の冒頭部分で、福沢諭吉は彼の思想の基本を集約的に述べています。身分制を基礎にした封建制社会への批判を前提にして、人は生まれながらにして貴賤貧富の差はないと言います。貧富の差だけでなく、「天は人の上に人を造らず」というように基本的人権という点でも、万人の平等をいいます。しかし現実の社会には、貧富の差があるが、それはなぜかと彼は問い、それは学問のあるか無いかによると言います。ここから彼のいう「学問のすすめ」という発想が出てきます。国民すべてが教育を受けて学問の力をつけることによって、真に自由平等の社会を実現する可能性を見ているわけです。

その学問とはいかなるものか。当時の儒学者や和学者などがいうような、古文を読み、和歌を楽しむといった学問ではない。彼は「専ら励《はげ》むべきは人間普通日用に近き実学なり」、「例えばいろは四十七文字を習い、手紙の文言、帳合の仕方、算盤の稽古、天秤の取り扱いなどを心得、なおまた進んで学ぶべき箇条ははなはだ多し」と言います。また、「地理学・究理学・歴史・経済学・修身学」などを挙げています。要するに、彼のいう学問とは「実学」であり、近代社会の基礎をなす実際的な学問なのです。ここに彼の真骨頂が表現されています。『学問のすすめ』の学問は、旧時代（封建社会）で尊重された儒教的な、あるいは仏教的な「学問」ではなく、また和歌など伝統的な教養でもなく、近代社会の基礎となるべき「実学」でした。それも欧米諸国で推進された近代科学を中心とした近代文化が中心にすえられていました。

このような近代文化を教養として身につけた国民に支えられてこそ近代国家は成立すると福沢は主張しています。福沢は『学問のすすめ』の第三篇で「一身独立して一国独立す」と言います。福沢は第一篇で「天は人の上に人を造らず人の下に人を造らずといへり」といっただけでなく、そのような独立自尊の国民があってこそ「一国独立す」と言うのです。

福沢は、万人の平等と個人の尊厳、そして基本的人権の尊重を掲げる個人主義的な自由主義を主張しただけでなく、そのような万人平等と個人の尊厳によって裏打ちされた近代的国民があってこそ、豊かで強大な近代国民国家が実現できるというのです。これが福沢のナショナリズムと言われるものです。「ナショナリズム」というと二〇世紀の侵略的な民族主義が思い起こされるのですが、当時の福沢のナショナリズムはそれとは異なります。後進国日本を、何とか欧米先進国並みの近代国家にして欧米諸国の植民地とされるのを防がねばならないという意識があってのことです。「一身独立して、一国独立す」というのは侵略主義的な民族主義ではなく、侵略主義的な諸外国から自国の独立を守ろうという民族意識であり、近代国民国家の主張であったと言うべきものです。明治初年というのはそういう時代でありました。

同時に、当時の日本は後進国であったがため、なんでも欧米のものは優れており、日本のものは劣っているという軽薄な西洋心酔が流行していました。こうした風潮を福沢は痛烈に批判していますす（第一五編）。彼は、日本の文明でも、西洋の文明でも、疑いの目をもって是々非々の判断を行う必要性を強調しています。

このように見てきますと、福沢の議論は「学問のすすめ」という教育論に止まらず、政治論、あるいは経済論から、社会論までを含む大きな視野をもつ議論であることが理解されます。さらに歴史論の領域でも全人類史を視野に入れた、当時としては気宇壮大な議論を展開しました。もちろん彼はマルクスやエンゲルスの学説や、資本主義の矛盾や、資本主義の後の社会など予想もしていませんが、彼の学説を歴史論としてみても、なかなか興味深いものがあります。当時の歴史学は、世界的に見てもまだ未成熟で、歴史学とは単なる事実の記録とか、支配者の業績の記述とかの実証的な研究から大幅には隔たっていませんでした。一部で支配者だけではなく、一般民衆の文化や、産業の発達などを記述しようとか、支配者や政府関係者の資料だけでなく、産業家や一般民衆の記録なども実証的研究の資料として利用しようという実証史学などの動きがみられるくらいの状況でした。そうしたなかで福沢は産業の発展こそ歴史推進の原動力であるというかなり明確な史観をもっていました。

その見地は『学問のすすめ』だけでなく、『西洋事情』や『文明論の概略』などにも貫かれています。それは近代科学技術への信頼に裏付けられた「文明開化」史観とでもいうべきものです。彼の歴史観の特徴は、「文明開化」の物質的基礎としての科学技術と産業の意義を高く評価する点にあります。近代資本主義の発展における技術の役割を評価するのは、必ずしも福沢の創見ではないのですが、彼はさらに一歩踏み込んで、近代科学技術の進歩（産業革命）の歴史的結果が近代資本主義社会の理解のための決定的な鍵の一つだと考えていました。そのようないわば「技術史観」ともいうべきものが、福沢の歴史観であると言えるでしょう。

福沢諭吉が活動した時代の日本は、まだ資本主義は発達せず、近代産業は勃興期であり、したがって、資本主義の階級矛盾はいまだ顕われておらず、その時点でみると資本主義社会は「文明開化」した社会でした。そのため、「結局、歴史をば、『文明開化』（資本主義）を歴史の最高到達点とする発展過程において把握する見解は、福沢によって最初に我が国で唱導されたということが出来る」（永田広志『日本唯物論史』）と言えるでしょう。

3　福沢諭吉の思想をめぐって

福沢諭吉は、幕末から明治初年にかけての優れた啓蒙家であり、近代日本を建設したリーダーの一人であったという評価と同時に、日清戦争・日露戦争に賛同するなど、好戦的で反動的な思想家であるという評価とが交錯する人物です。その点を明らかにするのが本節の趣旨です。結論から先に言えば、丸山真男氏のように、福沢を近代民主主義者の代表のように褒《ほ》め上げるのも一面的ですが、逆に安川寿之輔《じゅのすけ》氏のように彼をアジア侵略の提唱者であると断定するのも一面的であり、賛同できません。

福沢が幕末・明治初年において、反封建の立場から、民主主義的な啓蒙思想を引っ提《さ》げて、ブルジョア的・市民的個人主義、自由主義を唱え、「官尊民卑」「男尊女卑」を批判し、近代国民国家の建設を提唱していたことは事実です。また明六社を結成してそのリーダー格として活動していたのも事実です。しかし明治二〇年代ごろから保守化し、慶応義塾の経営者としての立場からか、政府寄りの態度を強めたことも事実です。彼が主筆を務めた『時事新報』に日清戦争賛成の記事が多くなりました。この一見したところ矛盾した福沢の態度は何を意味するのでしょうか。この問題について、近年諸家の研究があるのでそれを参照しつつ、解明の糸口を示したいと思います。

(1) 福沢の「脱亜論」

福沢は慶応義塾（後の慶應義塾大学）を設立し、これを東京帝国大学なみの正規の大学として認めさせるために尽力しますが、同時に『時事新報』という新聞を創刊し、主筆となります。この新聞に彼は一八八五年（明治一七年）三月一六日に社説として「脱亜論」を書きました。これが近年、問題視され、アジア侵略推進論とされています。しかしこれが帝国主義的アジア侵略の主張であったのかどうかということは、その文章の内容とこれが書かれた状況をつぶさに検討して判定する必要があります。日韓関係史の専門家による近年の研究からは、福沢の「脱亜論」は帝国主義的なアジア侵略を主張したものではなく、単なる「状況的発言」にすぎなかった、という見解が提起されています。

福沢は、早くから慶応義塾への韓国からの留学生を受け入れるなど、韓国の開明派の若者たちを支援してきました。明治維新のような近代化への動きを韓国に期待し、近代化した韓国との共同によってアジアの発展を展望するという「心情としてのアジア主義」をいだき、韓国開明派への支援を何かと行ってきました。ところが、一八八四年に韓国の近代化を図って金玉均らが起こした「甲申《こうしん》政変」が失敗し、首謀者が殺害されたり、日本への亡命を余儀なくされたりしました。福沢はこの金玉均と直接に接触があり、彼らの動きに期待する点が大きかっただけに、この状況に失望し、もう韓国に構っておれない、我々は「脱亜」してヨーロッパ諸国と肩を並べ、先進国としての道を進むべきであるという意味で「脱亜論」を書いたと理解するべきだというのが、近年の歴史家たち（例えば、坂野潤治、宮地正人、月脚達彦ら）の見解です。私はこれに賛成です。

（2）安川寿之輔氏の福沢批判

安川氏は『福沢諭吉のアジア認識』（二〇〇〇年、高文研）で、福沢の「脱亜論」を取り上げて、次のように主張しています。

①福沢の「脱亜論」はアジア侵略の提唱であり、福沢の本性は侵略主義者である。
②福沢は天皇崇拝主義者であり、「反儒教主義者」ではなかった。
③「天は人の上に人を造らず人の下に人を造らず」は彼の思想ではない。「といへり」と言っているように、彼の本心ではない。つまり彼の本心は自由・平等ではない。

④丸山真男や羽仁五郎は、福沢を「反儒教主義者」、民主主義者と見なすが、それは全くの間違いである。

このように、安川氏はかなり激越に、福沢批判を展開しています。このような安川氏の見解については、項目を改めて、「脱亜論」に即して検討をしたいと思います。ここでは③についてだけ、一言触れておきます。それは、「といへり」という日本文の読み方についてです。

「天は人の下に人を造らず人の上に人を造らずといへり」というのは、「天は人の下に人を造らず人の上に人を造らず」と故人（J・J・ルソーあるいはアメリカの独立宣言）が言っているが、私もこれに賛成である、という意味に解するのが当然でしょう。それを「といへり」というのだから本人の思想ではないというのは、どうにも理解できません。

(3)「時事新報」についての平山洋氏の意見

「脱亜論」の検討に入る前に、この論説の執筆者について見ておきます。「脱亜論」は福沢が主筆を務めていた『時事新報』の論説として無署名で発表されたものでした。したがって「脱亜論」の真の執筆者はだれなのかという問題が生じるのです。平山洋『福沢諭吉の真実』（文春文庫　二〇〇四年）によれば、『時事新報』の論説はすべて無署名であり、主筆である福沢が自身で書いたと確認できるのはわずかであって、多くは福沢の弟子たち、つまり『時事新報』の社員として福沢を助けてきた人びとによるものであったとされます。そのなかで石河幹明《かんめい》という人物に平山氏は注目しています。

石河幹明（一八五九〜一九四三）は一八八五年に入社し、八九年頃から論説を書くことが多くなり、やがて主筆を務め、一九二二年に主筆を降りるまで、多くの論説を書きました。その石河が『福沢諭吉伝』を書き、やがて『福沢諭吉全集』の編集者にもなりました。そしてここで問題となるのが、『時事新報』の論説記事（無署名のもの）をすべて主筆であった福沢の著作としてこの全集のなかに収録してしまったことです。『福沢諭吉全集』は正・続とありますが、戦後、昭和の現行版（岩波書店版）でもこの編集方針は継承され、無署名論文はすべて福沢の著作として収録されています。ここが問題だと平山氏は言います。この無署名論文のうち、福沢諭吉本人が書いたと確認されるのはごくわずかであり、多くは福沢の弟子たちが書いたのであり、しかもそのうちの多くは石河幹明が書いたものであるとしたら、問題は大きいと言わねばなりません。

『時事新報』の論説のすべてを検証して、その真の執筆者を特定することは、もはや今となっては不可能でしょうが、平山氏はかなり踏み込んで、検討しています。それに従えば、『時事新報』の初期の論説は福沢本人のものと思われるが、徐々に福沢本人の執筆は少なくなり、しばらくは社員である弟子たちの書いたものに福沢が目を通していたが、やがてそれもなくなっていった、と推定されます。安川氏は、『福沢諭吉のアジア認識』のなかで資料として、福沢の文章のうち、アジア蔑視あるいは、アジア侵略のすすめ、あるいはアジア侵略の正当性を論じたと思われるものの膨大な一覧表を付しますが、その文献のほとんどが『時事新報』後期の論説であり、平山氏によれば、福沢本人の執筆とは思われないものです。その点からも、安川説については文献的にまず再検討が必要でしょう。

ところで、問題の「脱亜論」は『時事新報』初期のものであり、平山洋氏も「脱亜論」が福沢の筆になるものではないと断定しているわけではありません。しかし検討は必要でしょう。この点を念頭に置いたうえで、一応「脱亜論」は福沢自身の文章であるとしたうえで、議論を進めていきます。

4　福沢の「脱亜論」の検討

「脱亜論」はそれほど長文ではないので、できるだけ詳細に検討したいと思います。そのため、以下において「脱亜論」を三分割して見ていくことにしましょう。

(1) 冒頭部分

冒頭部分では、まず福沢の西洋近代文明観——歴史認識と言ってもいい——が語られています。福沢は西洋文明を認めたうえで、西洋諸国のアジアへの進出と侵略は、蒸気機関や電信などの西洋文明に支えられており、これに対抗して国の独立を守るためには、アジア自身も西洋文明を全面的に受け入れなければならない。その意味で西洋文明はだれもがかかる麻疹《はしか》のようなもので、アジアの国であっても、これにかかっておかなければならない、というのです。

当時、アジア諸国にあった攘《じょう》夷《い》思想や亜細亜《あじあ》主義とでもいうべき偏狭な排外思想を批判して、西洋文明は麻疹のようなもので、どこの民族でもかかっておかなければならないものだ、というのです。日本はいち早く西洋文明を取り入れた。だが日本以外のアジア諸国はどうだという訳です。

(2)「脱亜論」第二段落——北東アジアの情勢について

福沢は次のように言います。日本に西洋文明の勢いが及んできたのは、嘉永《かえい》年間のいわゆる黒船来航と日米和親条約によってであるが、当時の日本の社会体制は西洋文明とは到底両立できないものであった。そこで日本では国家と政府は別物であるという考え方により国家の独立を守るため旧政府(幕府)を倒し、新政府を建てたのである。日本の旧政府(旧幕府)は「古風老大」で欧米の近代文明を採用する妨げになるばかりで、時代遅れであって、世界情勢についていけなかった。世界情勢はじつに目まぐるしく、「世界文明の喧嘩繁劇《けんかはんげき》は東洋孤島の独睡を許さない程のもの」である。

ここには福沢の世界状況についての厳しい認識が表されているといえましょう。当時の福沢たちからすると、中国におけるアヘン戦争、および中国の悲惨な敗戦の情報、そこへ下田港への突然の黒船来航、そして強硬な開港の要求など、まさに三〇〇年の鎖国の夢・「東洋孤島の独睡」が破られる「世界文明の喧嘩繁劇」であり、それが西洋列国による日本の植民地化の危機として受け取られたことは想像に余りあることであったのです。特に欧米をよく知る福沢諭吉にとって、それは深刻な危機感をあおりました。この危機感は当時の若手インテリ層であった下級武士に広く共有されて、日本では明治維新の政変が起こり、幕藩体制が崩壊し、明治の新政府ができたのです。福沢は当時、幕臣であったにもかかわらず、この政変を肯定的に捉えていたのです。

(3)「脱亜論」第三段落部分

この結びの部分が問題の部分です。

開国して後の日本は、旧政府を倒して、西洋文明を全面的に採用することとなった。ところが、近隣の支那《しな》と朝鮮とはアジア古来の儒教主義を墨守《ぼくしゅ》して、文明化できそうにない。世界は日進月歩の時代であるのに、これらの国は儒教主義に囚《とら》われて、学校教育も仁義礼智というような外見の虚飾のみを事として、実際の役に立つ真理原則の知見が教育されていない。そのため「道徳さえ地を払って、残刻不廉恥《ざんこくふれんち》を極めている」。

ここでは先に述べた「甲申事件」の失敗から、福沢が支援していた金玉均らが残刻に処刑された事実を踏まえて、「道徳さえ地を払って、残刻不廉恥」と、悲憤慷慨《ひふんこうがい》している福沢の胸の内が見えるようです。かの国では、今後もし我が国の明治維新のように、旧政府を倒して西洋文明を採用すれば、国の独立を維持できようが、もしこのままならば、数年ならずして、西洋列強によって分割されてしまうだろう。それは両国が麻疹にかかるのを恐れて、家に閉じこもり、逆に健康を害しているのと同じである。福沢はこう言っています。

(4)「脱亜論」の結論部分

続いていよいよ「脱亜論」の結論部分です。「支那朝鮮」と日本とは地理的には、きわめて近接しているのに、「輔車唇歯《ほしゃしんし》」の関係(「輔車」とは頬骨と下顎の骨、「唇歯」とは唇と歯。互いに利害関係が共通し、互いに助け合い、持ちつ持たれつの関係)にあるどころか、日本にとって何の利益にもなっていない。それればかりか迷惑なのは、西洋の「文明国」から見て、日本が地理的に支那・朝鮮と近いということで、日本が支那・朝鮮と同様な未開国と見なされていることである。

ここで福沢が「朝鮮国に人を刑するの惨酷《ざんこく》なるあれば」というのは、先にも出てきたように彼が支援してきた金玉均らの甲申事件での弾圧のことを指しているのは明らかでしょう。西洋文明国からすれば、日本人も同様に惨酷な国民かと思われる、というのです。福沢はさらに続けます。このような事例を揚げればきりがないが、それは一町内、あるいは一村内でそこの住民が、皆愚かで、無法で、あるいは残忍であったとすれば、そのなかで一軒の住民がまともな暮らしを送っていても他所から見れば、その一帯の住民はみな同じく愚かで、無法で、残忍であるかのように見られてしまうのと同じである。そのような影響はすでに現れていて、外交上、日本が朝鮮・中国と同様の未開国と西洋諸国から見なされていて、さまざまな不都合が生じている。これは日本にとって実に不幸なことである、というのです。

例えば幕末の和親条約が不平等条約であるとして、条約改正問題が持ち上がっていましたが、これは外国人居留地問題であって、日本の外国人居留地で生じた事件であっても、日本の裁判所で日本の法律に従って裁判するのでなく、当該の外国人の母国の法律で、その国の裁判所で裁かれるべきであるとされていました。それは日本が未開国だとされていたからである。この条約改正問題がなかなか進まないのも日本が朝鮮・支那と同様に見なされているからだと福沢はいいます。このようなことは「我が日本国の一大不幸と言う可《べ》し」。そのようなことを念頭において福沢は次のように結論を出します。

ここにいたって、我が国は隣国・支那・朝鮮の開化（近代化）を待って、「共に亜細亜を興す」という発展の道を選ぶという悠長な方策をとる余裕はない。もはや彼らと歩調を合わせるのでなく、「その伍を脱して」むしろ西洋の文明国と歩調をそろえて文明化・近代化の道を進み、支那・朝鮮との接し方も隣国であるからといって特別の接し方をとるのではなく、西洋人がこれらの国に接する態度と同じ態度で接すればよいのであって、悪友が隣国であるからといって特別扱いを何もする必要はない、というのです。

ここで「西洋人が之に接するの風に従って処分す可きのみ」という文言のなかの「処分」という語を、「琉球処分」という場合の「処分」と同一視し、これと結びつけて朝鮮の「併合」を主張したものと解釈する向きがありますが、それは深読みしすぎでしょう。ここは西洋人と同じように対処すべきだという意味であると見ていいでしょう。

福沢は、近隣の悪友といつまでも付き合っていると、その悪友と同類とみなされるので、「我は心において亜細亜東方の悪友を謝絶するものなり」というのです。

このように読んでくると、福沢の「脱亜論」は朝鮮の侵略や併合を主張したものではなく、今の朝鮮にはもう構っておれない、朝鮮・支那の近代化を待つのではなく、日本はどんどん近代化を進めるべきだという主張であることがわかるのです。

（5）月脚達彦『福沢諭吉の朝鮮』の主張

月脚達彦氏（東京大学教授）は『福沢諭吉の朝鮮』（講談社新書）で詳細に福沢諭吉と朝鮮との関係を論じています。この著書から今少し「脱亜論」前後の福沢について、補足したいと思います。

月脚氏によると、福沢が朝鮮の開明派の人物たちと交流を持つようになったのは一八八〇年頃というかなり古い頃でした。一八八一年六月八日に朝鮮政府の日本視察団のうち一部が慶應義塾を訪れました。この視察団は、それまで西洋諸国との条約締結を拒んでいた朝鮮政府が、前年にアメリカとの条約締結の方針を決めたため、その「開国政策」に伴って派遣されたものでした。一行は日本政府の官庁や産業施設などの視察を目的に、国王から任命された視察員である朝士一二名とその随員ら総勢六三名からなっていました。この日に慶應義塾を訪れた人物が何人であったかなどは不明ですが、このうち三名が慶應義塾に入学することになりました。ここから福沢と朝鮮との関係が始まりました。

福沢は、初めて朝鮮人と出会った一八八〇年の末頃から『時事小言』の執筆に取りかかります。そこで展開されているのはアジア同盟論であり、決してアジア侵略論などではなかったのです。例えば福沢は次のように述べています。

「今西洋諸国が威勢をもって東洋に迫るその有様は火の蔓延《まんえん》するものに異ならず。然るに東洋諸国殊に我が近隣なる支那朝鮮等の遅鈍にして其《そ》の勢にあたること能《あた》わざるは、木造板屋の火に耐えざる者に等し。故に我日本の武力を以て之に応援するは、単に他のために非ずして自ら為《ため》にするものと知る可し。武を以て之を保護し、文を以て之を誘導し、速やかに我例に倣《なら》って近時の文明に入らしめざる可《べか》らず。あるいは止むを得ざるの場合においては、力を以て其の進歩を脅迫するも可《か》なり」。

これは明らかに「アジア同盟論」であり、あるいは「朝鮮改造論」というべきものですが、決してアジア侵略論ではないと月脚氏は言います。もし支那・朝鮮が「遅鈍にして」対処不可能な場合には日本の武力を以てしてでもこれを助け、あるいは「脅迫」してでも彼らの「文明化」を促すことはありうるとさえ言っています。これを月脚氏らは「亜細亜盟主論」と呼び、決して「亜細亜侵略論」ではないと言います。この「亜細亜同盟論」と「亜細亜盟主論」とは矛盾するところもありますが、これが当時の福沢の立場であり、これは決して亜細亜侵略論ではないと月脚氏は言うのです。

　このような意見を持った福沢が一八八五年の金玉均らの「甲申事件」に対面することになったのです。月脚氏は次のように言います。

「社説『脱亜論』は、一八八〇年以来、福沢が抱いてきた『朝鮮改造論』の放棄を宣言する文章だということになる。社説『脱亜論』の文末で『心において』とされているのも、アジアに対して特別な心情を持つことを否定したものに他ならない。この点については、社説『脱亜論』は福沢の『朝鮮改造論』の『敗北宣言』であるとする阪野潤治の研究が研究者の間で通説になっている。坂野も指摘しているように、前年の一八八四年一二月四日に金玉均らが漢城《ソウル》で竹添信一郎日本公使と結んで起こしたクーデターである甲申政変が、漢城に駐在する清軍の介入で失敗したことが、社説『脱亜論』の背景にある第一の状況である」。

　さらに続いて月脚氏は言います。

「ここから社説『脱亜論』は朝鮮での甲申政変の失敗を受けた『状況的発言』であるという先の坂野の指摘は正鵠《せいこく》を射ているといえる」。

　私は、月脚氏のこの説に賛成です。福沢のような状況的発言の多い人の言葉はどのような状況で発言されたのかが正確に捉えられなければなりません。それがなくて片言隻句《へんげんせっく》をとりあげて、議論するととんでもない議論になりかねません。福沢の時代は時代そのものが矛盾に満ちています。したがって彼の発言も時として矛盾をはらんでいます。発言の状況をよく検討しなければならないと痛感する次第です。

第五章　明治啓蒙主義と明六社の思想家たち

1　明六社設立時の情況

明治新政府は、廃藩置県、徴兵制、学制の公布、地租改正、あるいは太陽暦の採用など矢つぎ早の改革を断行しました。しかしこれら改革の内実の意義が見失われていく危険性に気付いた啓蒙思想家たちは、これら改革の主体たるべき人民の性質の根本的改革が急務であることに気付かないわけにはいきませんでした。

彼らは欧米をモデルとして日本の官民を啓蒙しようとしましたが、同時に欧米に対して相対的に自立した自己啓蒙を行わなければならないという複雑な立場に立たされていました。ここから、集団的に相互啓蒙を目的として掲げて活動したのが「明六社」です。

明六社は明治六年（一八七三年）に、当時駐米公使の任を離れて帰国した森有礼《ありのり》（一八四七～一八八九年）が西村茂樹（一八二八～一九〇二年）らに相談し、在京の洋学者たちに働きかけて、これからの文明開化のあり方を議論し、日本の官民の啓蒙に資する言論集団をつくりたいと提起したことから始まったとされます。毎月二回集まり、さまざまに意見交換をし、『明六雑誌』を刊行して、さまざまな社会的・政治的・文化的問題について問題提起をする論文を発表しました。この『明六雑誌』は大いに反響を呼び、当時の知識人たちに広く読まれました。

しかし、明六社はわずかに二年余りで活動を停止することとなります。明治新政府が、折から盛んになってきた各種新聞などの活動に制約を加えようという方針をとるようになったからです。明治八年（一八七五年）六月に太政官布告として「新聞紙条例」と「讒謗律《ざんぼう》」が公布されたのです。新政府による言論統制です。この状況を受けて自由な言論が困難になったと判断して、『明六雑誌』は明治八年一一月一四日発行された第四三号をもって終刊しました。このような経過のなかに明六社の性格とその限界があらわれています。すなわち彼らは反封建・文明開化の先頭を切った知識人の集団でしたが、政府の言論統制に対しては弱く、体制には妥協的であるという弱点をもっていました。体制を批判し言論の自由を求める運動はその後の自由民権運動の活動家たちに引き継がれることとなります。

明六社の人びとは共通して唯物論者でしたが、ただし素朴唯物論者、あるいは機械的唯物者であったという限界がありました。

『明六雑誌』は二年余りの間で四三号を出しました。以下におもな論文の論調を紹介しようと思いますが、特徴的な論点に限らざるを得ないことをあらかじめお断りしておきます（『明六雑誌』上・中・下、山室信一・中野目徹校注、岩波文庫、にはすべての論文が収録されています。山室信一氏と中野目徹氏の解説が詳しい。以下の『明六雑誌』の内容紹介の小見出しの文言は、岩波文庫の山室信一氏の分類を参考にしたものです）。

2　『明六雑誌』の内容

(1) 結社の思想

従来の日本では三人以上の人が会同して商議（協議）すること自体が徒党《ととう》として罪悪視される傾向がありました。これは封建社会の思想風土をなしていました。こうした徒党や諸士横議《おうぎ》（勝手気ままな論議）などを禁じる封建的思想風土を脱却することがなければ、立憲制導入など困難であっただけではなく、学術の発展と普及も困難です。ここに明六社が誕生する必要性と使命がありました。

そのようなわけで組織原理において、明六社は自発的結社の模範たるべき歴史的使命を背負っていたと言えましょう。それまで幕末の高野長英《ちょうえい》・渡辺崋山《かざん》らの尚歯会《しょうしかい》のような洋学者の学術結社はありましたが、これとは異なる点が明六社にはありました。従来からの開成所のような序列や官位の上下といった垂直的な関係を否定して、あくまでも対等なもの同士の水平的な結社の存在意義が意識されていました。さらにその結社は閉じたサロンや社交団体ではなく、不特定多数の人びとに向けた思想運動の機関として構想されていました。

(2) 多事争論《たじそうろん》の思想

日本では、物事の可否や理非について述べることを「論《あげつら》う」といって、否定的に受け取り、「こと上げ」しないことを美点とする傾向がありました。しかし明六社は、その結社の目的として、「我が国の教育を進めんがために、有志の徒会同して、その手段を商議するに在り」、「同志集会して異見を交換し、知を広め識を明らかにするにあり」と宣言していました。ここには古い価値観への挑戦が明確に意識されていました。

福沢諭吉も「異説争論の間に生じたるものは必ず自由の元素たりし事明らかに証すべし。……自由の気風はただ多事争論の間に在りて存するものと知るべし」と言いました。この文章は当時出版された福沢諭吉『文明論の概略』（慶応義塾出版）のなかの学者の職分についての文章です。『明六雑誌』は、早速これを取り上げて、『明六雑誌』第二号で、加藤弘之「福沢先生の論に答う」、森有礼「学者職分論の評」、津田真道「学者職分論の評」、西周「非学者職分論」という四論文の特集を組んでいます。このように、文字どおり「多事争論」が行われていました。

(3) 商議の思想

明六社の会合は、商議の精神で運用されていました。商議の方法として「演舌」と討論が編み出されました。「演舌」は「スピーチ」の訳語で「演説」と同義です。福沢諭吉は慶應義塾大学で明治六年から演説会を始め、これが「三田演説会」として知られていました。これと並んで、「明六社演説会」が始まり、ここでの演説が『明六雑誌』に掲載されるという具合でした。こうして演説と質疑・討論という交流のスタイルが生まれました。

(4) 論争の思想

『明六雑誌』は学術雑誌であった以上に、論争誌という性格を持っていました。第一号は「国字論争」です。日本語はこれまでと同じく、漢字と仮名交じりでよいのか、欧米諸国と同じくローマ字表記にするべきかという問題を論じました。第二号は「学者の職分」論争です。これは、先に述べたように、福沢諭吉の『文明論の概略』における「学者の職分」についての論争です。第三号は「キリスト教論争」です。その後も「夫婦同権論争」などが展開されています。

(5) 職分の思想

福沢諭吉が『学問のすすめ』で提起した問題で、「学術」・「商売」・「法律」のそれぞれの職分を論じました。福沢の意見によれば、明治新政府が文明開化を進めるのは結構であるが、政府だけが文明開化を担い、国民はただついて行くだけ、というのでは真の文明開化とはいえない。これでは「政府は依然たる専制の政府、人民は依然たる無気無力の愚民のみ」という状況であるといい、「日本にはただ政府ありていまだ国民あらずというも可なり」と言いました。そして「人心に浸透したる気風を一掃するため、官尊民卑の風潮を打破すべく」、「天下の人に私立の方向を知らしめる」必要があるとして、「私立為業」の立場を自らは選ぶことを宣言したのでした。この発言に対して、甲論乙駁《こうろんおつばく》の論争が展開されました。

(6) 世務の思想

西周「人生三宝説」(『明六雑誌』第四〇号)という論文で、西は欧米の功利主義の立場から、人生の目的である幸福を道徳学説として論じるだけでなく政治論としても論じました。彼は、幸福とは健康・知識・富有という三つの宝からなるとして、政府はいかなる政体であれ国民の福祉を保護するという機能においてその是非が評価されるといいました。これは、いわば功利主義的な国家契約説の思想に近いものです。「世務《せいむ》」(=社会的事務)はそれぞれの結社によって分担されることになるとして、官から独立した「世務」つまり私的領域の自立的活動も提案されていました。

(7) 信疑の思想

『明六雑誌』は、新しい知識を提供するだけでなく、旧来の儒教や仏教などにあった、独断的で権威主義的で思弁的な思考法を変えることを課題としました。西周は「政教分離」(政治と宗教の分離)を論じ、また宗教と学術の分離を論じています。加藤弘之もこれに賛意を表しています。

(8) 視察・経験・試験の思想

中村正直「西学一班」や西周「百学連環」などでも、視察・経験・試験などを重視しています。経験主義・実証主義を重視したのが『明六雑誌』の特徴です。このような実証主義的な立場から、彼らは「実学主義」を唱えました。中村正直はさらに身分の平等と自由な発想ができる空間が保証される必要があることを強調しています。

(9) 論理学の思想

実証主義の立場からですが、論理学が重視されています。中村正直は「西学一班」で欧米の学問を紹介するなかで、論理学の重要性を説いています。彼はさらに統計学の重要性についても言及しています。

(10) 欲望の思想

明六社の人びとは、これまでの儒教や仏教が否定してきた人間の欲望を肯定し、学術の進歩が人間の欲求の達成に役立つと考えていました。欲望の開放は、資本主義化による富国強兵を国是とする新政府にとつても必須の条件でしたが、同時に禁欲を主張する絶対主義的政府の教育政策と矛盾するところとなりました。そのあたりの議論が展開されています。

(11) 教法の思想

国民精神の開明を進めるためには学問の力だけでいいのか、宗教の力が必要ではないかという議論が出てきています。津田真道のように、キリスト教の宣教師の力を借りるべしという意見もありましたが、これに反対する意見も多くありました。西周は、安易な宗教利用に反対しながら信仰の自由と政教の分離を主張しています。

(12) 文明の思想

そもそも「文明とは何か」ということも、当然議論になりました。西周は、文明を「人間社交の生」（social life）と見て、西洋と日本との違いは「形質の異なるに非ず、度量の差たるのみ」といい、一日も早く西洋文明に到達する必要性を強調しています。これは人類文明の普遍性の主張というべきでしょう。

(13) 男女同権の思想

明六社の人びとは、共通して男女同権について肯定的でした。明治期としては特長的なことと言うべきでしょう。森有礼は、第八号の「妻娼論《さいしょう》」で、我が国では、一夫一婦制が守られず、妻妾《さいしょう》同居さえ行われている状況があるが、これでは人倫に悖《もと》るといい、一夫一婦制の厳守と男女同権を主張しています。この議論は繰り返し展開されました。箕作麟祥《みつくりりんしょう》や中村正直などは「女子教育論」を展開し、女子の知的水準を向上させ、男女同権の基礎を築くことを説いています。そして「男女の教養は同等なる」状態こそ文明であると述べています。中村正直は明治八年に東京女子師範学校の摂理（校長）になりました。

第六章　自由民権運動に対抗した唯物論的・社会ダーウィン主義者——加藤弘之

1　加藤弘之の生涯

加藤弘之（一八三七〜一九一六）は、但馬の出石《いずし》藩で代々甲州流の兵学師範役を務める藩士の家に生まれました。一〇歳の時に藩校・弘道館に入り儒学を修めました。家業上、兵学も修め、西洋砲術の手ほどきも受けました。一八五二年に用人役で江戸在勤となった父に伴われて出府して、まず甲州流の兵学を学びましたが、西洋兵学の学習が必要であるという父の考えで、佐久間象山《しょうざん》の門に入ります。一年半ほどで一旦帰郷しましたが、再度出府して、洋書を自ら読む必要を痛感し、蘭学者・大木仲益《のぶます》について蘭学を学び始めました。彼は父親の没後もここで勉学に励み、二五歳の時に幕府の蕃書調所《ばんしょしらべしょ》の教授手伝に採用されました。その後はこの学校の蔵書を自由に読むことができるようになったと、後に語っています。

ところで、この蕃書調所の雇員であった時期に、彼はドイツ語の学習を始めます。誰も教えてくれる人のいない時に、いち早くドイツの学問の重要性に気が付いたのは、卓見と言えましょう。そして兵学よりも、次第に哲学・倫理学・法学に関心を移し、新カント派法学を通して天賦人権説に開眼し、その立場から立憲政体論を取り上げ、小冊子『隣艸《となりぐさ》』を書き、また、『国体新論』、『真政大意』などの著作を刊行しました。やがて彼はこの天賦人権説に反対するようになるのですが、この時期は、彼も天賦人権説に賛成していたわけです。そのころに西周、津田真道らと親交を結ぶようになります。

一八六四年、彼は幕臣に取り立てられ、開成所（蕃書調所が改名した）の教授職並（助教授）に任ぜられ、やがて幕府が瓦解すると、津田真道、西周らとともに栄転して御目付となり、年号が明治と変わると、さらに大目付御勘定方頭に昇進し、また朝廷から召されて、政体律令取調御用掛を命じられます。それ以来、彼は明治政府の高級官僚としての栄達の道を駆けのぼります。

そのころ森有礼や福沢諭吉らの洋学者を中心に啓蒙的な雑誌を出そうという動きが持ち上がり、加藤も西周や津田真道らとともにこれに参加することになります。この洋学者の団体は「明六社」といいますが、発足の明治六年に因《ちな》んで付けられた名称で、雑誌名は『明六雑誌』といいます。この雑誌では古今東西にわたる知識を踏まえた多様な議論が展開されました。それは文明開化の時代と社会に多大な影響を与え、当時の知識人の間に広く普及しました。

加藤弘之
(1837～1916)

加藤も『明六雑誌』に書き手として参加したわけで、当時の啓蒙家集団の一員となったのでした。この明六社のメンバーにはいろいろな傾向の人びとが参加しており、かなり急進的な議論もありましたが、軟弱な議論もありました。福沢諭吉のように、官尊民卑の傾向の強い明治政府に対して批判的な、後の自由民権に近い思想の持ち主も共存している状況でした。加藤は天賦人権説に共感を持っていましたが、福沢の「私立為業」については、これは時期尚早であるとして反対しています。『明六雑誌』は先に前章で書きましたように、政府の干渉でわずか二年で停刊することになるのですが、これも日本の啓蒙主義の軟弱さを示していると言えるでしょう。もちろん、時代の限界ということもあるのですが。

一八七七年、加藤弘之は開成学校（後の東京帝国大学）総理を嘱託されます。次いで東京大学法学部、理学部、文学部総理を歴任し、明治一四年（一八八二年）制度が改まって、東京帝国大学となると、東京帝国大学総理に就任します。

ところで、その一八八二年一〇月に、伊藤博文らは、速やかな憲法発布と国会開設をとなえていた大隈重信らを突然政府から追放すると、明治二三年（一八九一年）を期して国会を開設するという詔勅を出しました。これは自由民権運動の主張を逆手に取り、その運動を押さえつける策略でした。このようにして、政府は今や欽定憲法の発布、絶対主義体制の確立を目指すことになります。

この情勢の変化に応じて、加藤弘之は、天賦人権説に依拠したこれまでの諸著作を絶版にすると公言し、翌一八八二年に『人権新説』を刊行します。これは社会ダーウィン主義によって進化論的な優勝劣敗の権利論を展開したものであり、天賦人権説を「妄想」と断じたものでした。当然これは、植木枝盛ら自由民権派の猛反発を受けることになりますが、ここで加藤弘之は明確に御用学者の道を選んだことになります。

2　進化論による天賦人権論への批判

ここで、『人権新説』の議論をたどり、加藤の所説の要点を紹介します。彼は生物学の進化論を応用して、天賦人権説を批判しようとするのですが、当時、進化論は文明開化の波に乗って知識人の間に流れ込んできていました。進化論は、東京大学のお雇い学者として来日していた、E・S・モースやE・F・フェノロサらによって紹介され、新知識となっていました。加藤はこの新知識を、天賦人権説論駁の道具に使うことを考えたわけです。

彼は、天賦人権説はフランスのルソーの妄説であるとして、次のように言います。

「ルソーは生来、気性の激しい人であり、フランスの絶対王政の時代に、この専制抑圧を憤懣の感情をもってとらえた。彼は、物事の道理を着実に研究することができずに、『民約論』(社会契約論)を執筆した。それによると、人間は生まれながらにして自由で平等であり、このような人民が自由に協議して建国したものが国家である。ところが、君主や貴族・僧侶らが権力を奪って人民を抑圧している。これに対して、人民は君主・貴族・僧侶を駆逐して共和制を打ち立てて、天賦の人権を回復すべきである、と」。

加藤弘之は、このようにルソーをいわば口を極めて批判したうえで、天賦人権説を進化論によって論駁すると言います。それは次のような議論です。

「進化論はダーウィンの功績である。進化論によれば、動物・植物の世界では生存競争よって自然淘汰が行われている。人類も動物界の上にあるのであり、その体質・心性は先祖や父母から遺伝によって受け継ぐとともに、自己の生存中に遭遇する万物からの影響を受けたものである。ここから各人のあいだに優劣の差が生じ、生存競争によって、優者が劣者に勝つことは必然的である」。ここから加藤は次のように言います。「万物法の一大定規たる優勝劣敗の作用は特に動植物の世界に存するのみならず、吾人人類世界にも亦《また》必然生ずるものなり」。つまり、優勝劣敗の法則は万物の一大法則であって、人類世界にとっても必然的であるというのです。したがって、天賦人権説のごときは妄想だとされるのです。

このように加藤弘之は、ダーウィンの進化論にある生存競争や自然選択の考えを動植物一般から広げて、人類にまで及ぼして、自然の理としていますが、ここには論理の飛躍があることをまず指摘しておかなければならないでしょう。人類も動物の一種であるには違いないですが、特殊な動物です。確かに人類社会にも生存競争はあります。また乳児の「間引き」や高齢者の「姨捨山《おばすてやま》」などもありました。しかし多くの共同体では、生存競争に敗れた者を見捨てて消滅させるのではなく、けが人や病人あるいは老人などを、共同体で支えて、扶養するということが普通に行われてきました。それが共同体の存続に役立ってきたのです。このようなことは加藤弘之の議論ではまったく考慮されていません。また近代社会でも貧民救済などが治安維持のためにも必要とされてきたことも一切考慮されていません。人間社会は単純に生存競争だけで成り立っているわけではありません。こう見てくると、加藤弘之の進化理論なるものは、むしろ大きなフィクションであると言わなければならないでしょう。動植物界一般にあることを人間社会に無制限に拡張して、天賦人権説への批判の論拠にするというフィクションです。

加藤弘之の議論は「社会ダーウィン主義」です。これは、一九世紀末のイギリスのスペンサーらから学んだ理論です。もちろん、天賦人権説も近代初頭に生まれたフィクションです。神が人間に自由・平等など与えたというわけですから、これ自体がフィクションに違いありません。しかし、それは市民革命のイデオロギーとなり、人権や民主主義の発展のための理論になったのですから、歴史的に進歩的な意味をもっていました。それに対して、「社会ダーウィン主義」は、資本主義のもので深刻になった貧富の格差などを当然のこととするわけですから、反動的な意味をもちます。

しかも今日考えてみますと、加藤弘之の進化論による天賦人権説批判というのは、二〇世紀後半から二一世紀の今日、政府与党の政治家や資本家たちが盛んにいう「新自由主義」を連想させるものです。すなわち、今日の社会では自由競争がなくては社会が発展しない、自由競争こそが社会発展の原動力である、優勝劣敗で敗北したものは「自己責任」である、自分で頑張らねばならないといい、低賃金を押し付けて、超過密・長時間労働を押し付けています。加藤弘之は、このようなフィクションの日本最初の提唱者であったといえるかもしれません。彼はこの論理で、当時の自由民権運動に反対したのです。

加藤弘之は若くして洋学を学び、そこから近代科学の精神をくみ取り、儒教や神道などのようなものは迷信であるという考えをもち、一時は福沢諭吉らの明六社の啓蒙思想家とも親しくしていて、神仏の存在や霊魂不滅などは信じないという意味では、唯物論者と言えるでしょう。しかしその啓蒙思想が軟弱で、政府・権力にたやすく取り込まれる弱点を持っていたことは否定できません。唯物論者であることと階級的立場とは必ずしも一致しません。序論にも書きましたが、唯物論者が非抑圧階級の立場に立ちやすいということはあっても、唯物論者がそれだけで、非抑圧階級の立場に立つということにはならないということを歴史は教えていると思います。

第七章　自由民権運動の思想的指導者——中江兆民

1　自由民権運動と中江兆民

中江篤介（兆民、一八四七〜一九〇一）は、明治期の自由民権運動の左派の指導者として、傑出した存在でした。自由民権運動とは、一八七四年から十数年、国会開設・基本的人権の確立・地租軽減などを要求して展開された日本最初のブルジョア民主主義の運動でした。一八七四年に板垣退助《たいすけ》らが「民選議院設立建白書」を提出した当初は、没落士族層を中心とする支配者層内の反対派の運動という性格を強くもっていました。しかし農民闘争の発展に伴い、地租軽減の要求を掲げた中小地主層や、特権を持たない商工業者が参加し、さらに進んで運動が耕作農民の利益をも代表するようになると、急速に広範な大衆闘争へと発展しました。国会開設を求める十数万の署名を集めるなどして、ついに一八八一年には国会開設を政府に約束させました。同時に、運動の中核として自由党や改進党が結成されました。

しかし折から政府のデフレ政策（松方財政）の影響による米価騰貴で困窮した中貧農層が各地で運

動を突き上げ、福島、茨城、群馬、秩父などで急進的な自由党員の指導によって武装蜂起が起きました。これに対する政府の弾圧と、運動の極左化を恐れた自由党幹部の動揺による戦線の分裂、および板垣ら自由党幹部の裏切り的な指導放棄によって、運動は敗北しました。この時、中江兆民らは極左的武装蜂起にはくみせず、同時に板垣らの裏切りを批判して、言論による自由民権の普及に努めました。

2　中江兆民の生涯

一八四七年に中江篤介（一八八七年から兆民と号する）は土佐の高知城下で生まれました。父は土佐藩の足軽でした。一八六一年に父親が病死し、兆民が家督を相続しました。一八六二年に藩校文武館に入校し、漢学・蘭学を学びました。

一八六五年には土佐藩の派遣で長崎に行き、フランス学を学び、その後、江戸に出て、村上英俊の達理堂に学びました。明治維新前後には横浜のフランス人カトリック神父からフランス語を学び、フランス公使館の通訳などを務めていました。一八七一年には、新政府の大久保利通に直訴し、司法省の留学生として、パリに留学することに成功します。パリでは主としてルソーの『社会契約論』を学んだと言われています。一八七四年に帰国して東京で仏学塾を開きます。翌年、政府にこわれて東京外国語学校の校長になりますが、教育方針をめぐって文部省と対立し、辞任します。そして元老院権小書記官となります（一八七七年まで）。

一八八一年に『東洋自由新聞』を興し、主筆となります。一八八二年には『政理叢談《そうだん》』（半年刊）を刊行し、『民約訳解』を連載します。これはルソー『社会契約論』の東洋初の翻訳でした。これにより兆民は「東洋のルソー」と呼ばれることになります。以後、『維氏美学』、『理学沿革史』、『三酔《すい》人経綸《じんけいりん》問答』、『平民の目覚まし』などを次つぎに刊行します。この時期から自由民権運動に深くかかわります。

一八八八年に保安条例により首都から追放の処分を受け、大阪に活動拠点を移して、『東雲《しののめ》新聞』を創刊します。『東雲新聞』は当時、同じく大阪で発刊されていた『朝日新聞』と同じほどの発行部数を数えるほど支持されたと言われています。一八九〇年七月の帝国議会第一回総選挙では大阪の有権者有志にこわれて、大阪第四区より立候補し当選します。しかし、一八九一年二月に政治の腐敗に立腹して、議員を辞職しました。その後、一八九七年に国民党を結成するも失敗し、山林業・鉄道業に従事しましたが、成功しませんでした。

中江兆民
(1847～1901)

一九〇一年四月、大阪で喉頭癌を発病して、余命「一年有半」という宣告を受けました。そのため、大阪中之島の小塚病院、続いて堺市の支持者宅（堺市一の町四丁目三番地）で療養しながら、六月から『一年有半』を執筆しました。一九〇一年九月二日『一年有半』は博文館から初版が出ました。初版の一万部はたちまち売り切れ、翌年八月までに二三版を重ねて、二十余万部を売りつくしました。こうして当時のベストセラーとなりました。

一九〇一年九月一〇日に家族と門弟たちに付き添われて、東京、小石川竹島町の自宅に帰ります。まだ命があるというので、九月一三日から『続一年有半』の執筆に取り掛かります。病苦を押してわずか一〇日余りで『続一年有半』を書きあげ、一九〇一年九月二二～二三日には脱稿しました。これが、弟子の幸徳秋水らによってまとめられ、幸徳秋水の序文を付し、付録として『理学鈎玄《こうげん》』を収めて一〇月一五日に発行されました。そして兆民は一九〇一年一二月一三日に死去しました。

彼は多くの著書・論説を残しましたが、ここでは主要な著書から『三酔人経綸問答』と『続一年有半』を紹介することにします。

3　中江兆民の著作『三酔人経綸問答』について

『三酔人経綸問答』は、一八八四年に書かれました。このころ明治政府は、自由民権運動の左翼的な部分を武力的に弾圧し、同時に板垣など自由党の指導者を切り崩して、天皇制の明治憲法を準備しつつ、天皇制絶対主義の下での立憲君主制の帝国議会を準備しつつありました。自由民権運動はいわば手も足も出ないような状態でした。そういう状態の下でも、中江兆民たちは理論的に自由と民権を普及しようと苦戦苦闘を続けていました。そういう状況でこの書物は書かれました。

『三酔人経綸問答』とは、兆民が設定した洋学紳士君と豪傑君と南海先生の三人が酒を飲みながら、大いに政治問題について語るという趣向の鼎談《ていだん》録の形になっています。この三人のうち誰が兆民の意見を代表するのかはあまりはっきりしていません。南海先生が兆民の立場かというと、そのようでもあるけれども、そうとも言えません。

まず洋学紳士君が「嗚呼《ああ》、民主の制度なるかな。民主の制度なるかな」と言って、次の趣旨の意見を興奮気味に述べます。「君主、宰相《さいしょう》専制政治は愚かしいもので、しかもその欠点を自覚していないものだ。立憲制はその欠点に気付いて、やっと半分だけ改めたものだ。民主制は、からりさっぱりとして、胸の中にこれっぽっちの穢《けが》れもとどめ無いものである」。紳士君によれば、政治には「進化の理法」があり、それは専制政治から立憲制度、さらに民主政治という道筋をたどって進むものである。民主政治になって「自由平等」になれば、軍備や戦争は必要でなくなる。「革命の活劇」が起こるのも、「進化の理法」に従わないで、必要な改革を怠るからである。「自由平等」の民主制のもとでのみ、学芸も栄え、道徳も高尚になり、人びとは平和のうちに暮らすことができるようになるのだ。

これに対して、豪傑君は、洋学紳士の意見は「学士の言でしかない」と反論します。洋楽紳士は軍備を廃止せよと言うけれども、もし「狂暴の国」が侵略してきたらどうするのか、と問います。これに答えて、洋学紳士は「狂暴の国」があるとは思わないが、万一攻めてきたとしても、主張すべきことは断固として主張し、「弾を受けて死せんのみ」と述べます。この答えは豪傑君の失笑を買います。

豪傑君は、「理論」でなく「実際」を見よと言います。争うことは動物にとっても人間にとっても避けることができない。それどころか、政治家や軍人にとって戦争は楽しみである。「紳士君、紳士君、君は筆墨をもって楽と為せ。僕は戎馬《じゅうば》〔軍馬〕をもって楽と為さん」と言って、次のような議論を展開します。アジアかアフリカに大きな国があって、資源は豊かだが、兵力は弱く、制度も整っていない。それは「よく肥えた生け贄《にえ》の牛」のようだ。その国に兵隊や商人や農民らを送って、その半分か三分の一を割《さ》き取ればよい。そうすることで、小国が大国になることができる。このことに今着手しなければ、欧州諸国は必ずアジア侵略を開始するだろう。

このような二人の対照的な意見の開陳に対して、南海先生の対応はどうでしょうか。南海先生は次のように言います。紳士君の意見は学者の脳中にはあるが、「いまだ世に現れざる爛燦《らんさん》たる思想的の慶雲《きょううん》」であり、豪傑君の意見は「古昔《こせき》俊偉の士が千百年にひとたび事業に施し」、成功した「過去の奇観」であって、両者とも現在に実行することはできない。一方は「理想主義」であり、他方は「冒険主義」である。「進化の理法」はあるけれども、その行路は決して直線的なものではないし、「国民の意向」や「国民の知識」にふさわしくない制度は行われない。例えば、民権にも英仏のような「回復的の民権」（下から獲得した民権）もあれば、「恩賜的の民権」（上から与えられた民権）もある。後者を「善く護持し、善く珍重し、道徳の元気と学術の滋液とをもってこれを養う」なら、前者に匹敵するようになるであろう。国際間の問題でも、つねに「腕力の旨義《しぎ》」が支配すると考えるのも正しくない。小国がかならず大国の侵略をうけるというのは、「過慮する（考えすぎる）所があるため」であって、欧州諸国をいたずらに恐れることも、アジアの中国などを軽侮することも、ともに良くないことである。

ここから、南海先生の結論は二人の客を笑わすほどの常識的な立憲君主制となる。「またまた立憲の制を設け、上は皇上の尊栄を張り、下は万民の福祉を増し、上下両院をおき、上院議士は貴族をもってこれに充てて世々これを相承けしめ、下院議士は選挙法を用いてこれを取る、是のみ」。これが南海先生の結論です。

二人の客はこれで帰りましたが、その後の噂では、紳士君は進歩主義の国アメリカに渡り、豪傑君はアジア革命の拠点である上海に渡ったということです。南海先生は依然としてただ酒を飲む、という形で結ばれています。

以上、あらすじを紹介しただけですが、この明治二〇年（一八八七年）に書かれた書物が、二一世紀の今日読んでも少しも古びていないことに驚かされます。この間に、日本は豪傑君が言うように暴力的なアジア侵略をやり、アジア太平洋戦争をやり、そして挙句は、日本の敗戦があり、平和憲法ができました。しかし、現在、日本の政府と財界は、対米従属の下で再び軍備増強を進め、豪傑君の主張と同じ道を進もうとしているように見えます。護憲野党は一致して平和憲法擁護を主張していますが、これはまるで洋学紳士君のようです。中江兆民は一九世紀の末に、二〇世紀はおろか二一世紀の日本を見通していたかのようです。

ここで兆民は進歩主義の歴史論、民主主義論、軍備廃止論、平和主義の流れと、保守主義、大国主義、侵略主義の流れとを、いわば相対化して、これを客観的に分析しようとしています。この問題状況は二一世紀にも当てはまるものであり、中江兆民の慧眼《けいがん》は現代にも生きていることになるでしょう。

兆民は、紳士君の口を借りて、日本政府の「富国強兵」政策の危険性とその歴史的帰結とを語り、他方で豪傑君の口を借りて、尊王攘夷派から自由党極右派にいたる心情的ラジカリズムの発想を展開してみせて、これを批判しています。南海先生の発言は、いわば漸進的な改良主義を代表するのですが、これは兆民自身の考えではないと思われます。兆民は紳士君に「理論」あるいは「理念」を語らせて、豪傑君に保守主義・大国主義を語らせて、その両者の対比で政治の現実を示そうとしたということでありましょう。この著書の狙いは、明治政府が欽定憲法を準備しつつ、国会開設を予定していた時に、日本の針路をどう見極めるかという点で、広く世論を喚起しようとしたところにあるでしょう。

4 『続一年有半――一名無神無霊魂』について

すでに触れましたように、一九〇一年に兆民は大阪で喉頭癌を発症し、療養しながら『一年有半』を執筆します。これが完成し販売されますと、大ベストセラーとなりました。一度東京の自宅に帰ろうということになり、夫人と弟子たちに付き添われて東京小石川の自宅に帰りました。兆民は、まだ命がある、それならまだ書くことがあると言って、かなり重体の病を押して書いたのが、この『続一年有半』です。そしてわずか一〇日余りで書き上げました。その執筆の様子は鬼気迫るもので、弟子の幸徳秋水がこの本の序文で次のように書いています。「令閨《れいけい》（夫人）始め一同が、そんなにお書きになると一倍病気に触《さわ》りましょう」と言っても、「書かねばこの世に用はない、すぐに死んでもよいのだと答えて、せっせと書く、疲れれば休む、眠る、目が覚めれば書くという風であった」。こうしてできあがったものが『続一年有半』です。

ここには、彼自身が「ナカエニスム」というところの徹底した唯物論が展開されています。上記のような事情の下で書かれたものなので簡潔ですが、唯物論の中核が鋭く指摘されています。以下においてなるべく詳しく紹介しようと思います。

まずこの本の副題が「無神無霊魂」となっているように無神論が主張されています。神というようなものはない、また霊魂不滅というものもない、といいます。その主な議論を見ましょう。

(1) 第一章「総論」のまえがき

ここでは「理学すなわち世のいわゆる哲学的事象を研究するには」と書き起こされています。ここで少し注釈が必要でしょう。兆民は〝philosophy〟の訳語がまだなかった時期に「理学」という言葉を訳語として用いていました。そして『理学鈎玄《こうげん》』(今日の言葉でいえば「哲学概論」)や『理学沿革史』(『哲学史』)などのような書物を書きました。ところが東京帝国大学の教授になっていた西周が新しい訳語として「哲学」を使い始め、これが世間に定着してきていたので、この時期に兆民も「哲学」という訳語を使うようになっていたのです。

兆民が言うには、「神の存在」とか「霊魂の不滅」とかいうのは人間の都合で言っていることで、他の動物の事を考えたら、犬の霊魂、猫の霊魂などどきりがないではないか、到底そんなことは考えられない。故に「霊魂の不死」や「神の存在」などは人間が勝手に考え出した「非合理な囈語《ねごと》」である、と兆民は言います。兆民はさらに次のように続けます。

「プラトンやプロティノスやデカルトや、ライプニッツらのヨーロッパの著名な哲学者が自分の死後の都合を考慮し、また人類の利益を考慮して、天道、地獄、唯一神、霊魂不滅など不確かなことを書物に書き論じているのは笑止千万である」。「そうなるのは、彼らが生まれて間もない時から、教会に連れられて行き、幼い時から母親の乳と同様に体の中に染み付いた迷信のために、無神とか無精魂とか言うことを大罪を犯したかのように考えるのは笑止千万である」。「なるほど人肉を食らうがごとき大泥棒が長生きして、孔子の弟子で彼の後継者と言われていた顔回が若死にしたり、また悪徳紳士が栄えて、品行方正な人物が飢え死にしたりするなどを見ると、未来に真に公正な裁判所があり、神がいて、勧善懲悪をきちんとやってくれるとしたならば、また霊魂が不滅であり、死後の世界があるとしたならば、大いに心が休まることであろう」。「しかし、それでは哲学の権威は地に落ちる。哲学の使命は冷然と真理を語るところにある。冷たかろうと、寂しかろうと、真理を語るのが哲学者の使命である。私は生まれて五五年、少しは書を読んで哲学の勉強をしてきたので、神の存在だの、霊魂の不滅だのという気は全くない」。

これは、率直な兆民の真意でありました。明確な唯物論です。

(2) 霊魂について

そして兆民は、「霊魂より点検を始めよう。霊魂とは何物ぞ」と問い、次のように答えます。「人間が見たり、聞いたり、あるいは国家社会を構成し、あるいは科学技術を推進し、文明を築いたのは、精神力ではないのか。これに対して、肉体は精神の奴隷であるという人がいるが、精神が主人で肉体は奴隷であるというのは、大間違いの第一歩である。本体は身体である。精神は本体ではなく、作用である。たとえて言えば、炭と焔との関係であり、薪と火との関係である。炭と薪が本体であり、焔と火が作用である」。「炭が灰になり、薪が燃え尽きれば、焔と灰とは同時に滅するのと同じである。体躯がすでに死んで分解しているのに、精神はなお存在しているとは背理の極《きわみ》である。一七世紀より前の欧州では、無神・無霊魂を主張すれば、ジョルダノ・ブルーノのように火あぶりの刑に処せられたかもしれないが、言論の自由がある今日において、霊魂不滅などという囈語《ねごと》を言うとは何事か」。

ここで兆民は、精神や霊魂が存在しないとは言っていません。身体が本体であり精神はその作用であるというのです。作用としての精神の働きは認めたうえで、本体としての身体があってこその精神であるというのです。これは大層巧みな精神の説明です。

「身体が本体であるから、身体が死んで消滅したら、精神も直ちに活動を停止するというのが道理である。身体が死滅しても、身体とは独立に精神が生きているというのは理屈に合わない」。

このように、精神は独立に存在するのでなく、身体の作用、あるいは働きとして理解されるべきものであると主張するところに、ナカエニスムの特徴があります。

（3）精神の死滅と、身体（物質）の不滅

兆民によれば、「生けとし生けるものは人間でもその他の生物でも親は子孫を残し、その後に親はやがて死滅するのである」。ところが、「霊魂不滅ということを信じるならば、親が死んでも霊魂は生き残るということになり、霊魂ばかりが無数に存在し、宇宙は霊魂であふれるではないか。身体が死滅して、霊魂も消滅するから、釣り合いが取れているのであって、霊魂だけが不滅というのは、その点からも不合理である」と彼は言っています。

また兆民が言うには、「身体が本体であり、精神は身体の働きであるから、身体が死んだら精神は直ちに消滅する。しかし身体は若干の元素の集合体であるから、死とはこの元素の分解である。分解した元素はそれぞれ空気中か、土地の中に混入して残り、この世のどこかに存続する。そして生物の呼吸によって吸収されたり、草木の葉根に吸収されたりして存続する。つまり身体を構成していた元素は不朽不滅である」。

ここで彼が「元素」と言っているのは、現在の言葉でいえば、物質の構成要素のことです。要するに、彼は物質不滅を説いているのです。それによれば、身体は物質の集合体であり、身体が死滅しても、物質は不滅である。精神はこの物質の作用であるから、身体が死亡したら、精神も作用を止める。身体を構成する物質は分解するけれども、形を変えて存在して不滅である。ここには現代唯物論の基本が見事に表明されています。

さらに兆民は言います。「釈迦やキリストの霊魂は死滅・消滅して久しいけれども、路上の馬糞は世界と共に悠久である。菅原道真の霊は死んでも、彼が愛した梅の木の枝葉は姿を変えて世界のどこかに存在している」。

ここで釈迦やキリストの霊魂と馬糞とを対照させるのは極端ですが、精神・霊魂などは身体の死とともに消滅するが、物質は形を変えて不滅であるとして、物質不滅を説いているのです。

(4) 未来の裁判

兆民によれば、宗教者や宗教に魅せられた哲学者は往々にして次のように言います。「この世界はまことに不完全で、善人が必ずしも賞せられず、悪をなす者は必ずしも罰せられない。悪人が栄えて、善人が餓死することがみられる。これはいかにも容認できない。ゆえにこれは未来の世界があって霊魂不死で、ここでは完全に整備された裁判所があって正確に善人は賞され、悪人は罰せられるということで、安心できるのである。もし人が死んで霊魂も消滅してしまったら、この最後の審判を受けることができない。神はそんな不完全なことをされるわけがない。必ず霊魂は不滅で最後の審判をうけられるのでなければならない」。

しかしこれは大間違いだと兆民は言います。「この世の裁判が不完全なのは、人類の中の問題である。善人が賞を受けず、悪人が罰せられないのは、われわれ人類の自業自得である」。古人も言うように、「自分自身の誤りは自分自身が改めるほかない」。「人間の問題に、鯉や牛は少しも関係がない。人類の問題を、未来の裁判や、存在するはずのない神や、根拠のない霊魂不死を想像して、人間社会の不始末を片づけようとするのは、生地《せいち》（本来の生きる場所）がないと言わなければならない」。人間社会の問題には人間自身が対処しなければならないのです。

ここからさらに兆民は言います。「社会の現実を見てみよ。昔と今を比べれば、悪人は罪を免れず、善人は世の称賛を受けるように、徐々に変化しているではないか。法律制度を漸次に改正し、野蛮から文明へと向い、大きな視点では進歩しているではないか。何ら未来の裁判を想像し、神を想像し、霊魂の不死を想像する必要はないのである。その証拠は欧州にある。宗教の盛んなかつての中世では、封建制度のもとで君主と諸侯とが対立し、刑罰は過酷を極めた。しかし近代になって科学が発展し、宗教が漸次衰退し、人道においてはるかに進歩した。一般道徳もすこぶる進歩しているのである」。このように、人間社会は徐々に進歩してきたのです。

(5) 多神教、唯一神教への批判

太陽、月、山川などを崇拝する多神教について、兆民はこれは哲学的には改めて論ずるまでもなく、不合理なものであるとして一蹴しています。

次に、唯一神の説について、それは多神教の説に比べて数層進歩した痕跡が見える。しかしその誤りは、先に批判した、霊魂不滅の説と同一である、と兆民は言います。そして、唯一神説を「神物同一説」と「主宰神の説」とに区別したうえで、これらを批判します。

神物同一説については、スピノザやヘーゲルの名を挙げています。今の言葉でいえば「汎神論」のことです。「神物同体とは、世界の大理が神で、おおよそこの森羅万象はみな唯一神の発現であるということである」。しかし「この神は無為無我で、実はただ自然の道理というに過ぎない」。それは「実はほとんど無神論と異ならぬのである」。したがって、「宗旨家はこれを邪説として排斥している」。このような汎神論についての理解は現代の私たちの理解と同じですが、兆民は、結局これは「無神論と同じである」ということで片づけています。

「主宰神の説」については、次のように批判されます。それは「神が万物をつくり、万物を守り、特に人類をつくり、これに自由を与え、善悪をともに自分から行わせるようにしているという説である。しかし、神が万能であるとすれば、人類社会に善のみがあって悪のないようにすればよいのではないか。ことさら自由意志を与えて悪を為なさしめて、未来の裁判において罰するというのは、はなはだ陰険というべきではないか」。

また「主宰神の説」は「造物の説」でもあるとして、次のように批判されます。「造物の説」とは、「世界の森羅万象は神の創造するところである」という説であるが、これも不合理の極である。すべてを神が創造したとすれば、神の創造は「無からの創造」ということになる、しかし無が有になるというのであれば、その無は真の無ではなく、有を包容したものである。しかも神による創造説はラマルクやダーウィンらの進化論に反する議論である。こうして神の「無からの創造」というのは背理・不合理である。

こうして、兆民は宗教的神話を否定し、当時の進化論などの科学的議論と物質不滅説に依拠した見解を主張しているのです。

以上で、総論（基本）である「無神無霊魂」の説が終わるのですが、以下では、「再論」として関連する諸問題が論じられています。

(6) 第二章「再論」における「世界」

ここでは、サン・シモンやオーギュスト・コントらの「現実派哲学」（実証主義）の批判が行われています。

「オーギュスト・コントらの実証主義は、これまでの唯心論（虚霊派）の誤りを徹底的に論駁しており、すべてを観察・実験で確かめようというのであるから、正当な議論のように見える。けれども、実証ということにこだわり過ぎていて、論理的に当然のことも疑うということになり、人間精神の能力を極めて限定してしまう」。このように兆民はこの実証主義を批判します。「例えば、世界が無限であるか、世界のできた原因、あるいは世界の終末の原因などについて、実証主義者は答えられないという。なぜなら無限なものは認識できないからである。あるいは世界の始まりとか、世界の終りとかは無限の過去とか無限の未来の事であって、人間には確かめようがないから、と実証主義者は言う。しかしこの宇宙が無限の広がりを持つのは当然である」。彼は論理的に当然と言っているわけです。兆民の議論はやや強引ですが、実証主義批判としては的を射ていると言えましょう。

兆民はこの世界は無限の広がりを持つと主張します。「この宇宙空間は、太陽系の外にも数百の系があり、地球周辺の成層圏をはるかに超えた真空の空間が広がっているかも知れないが、それらもすべて世界である。そう考えると、その世界は無限の広がりをもつ。そういう世界（宇宙空間）は当然無限でなければならない」。

以上のように、この世界は無限であると主張する兆民は、この世界は無始・無終であるとも主張し、無辺無極であると言います。兆民は、世界は若干の元素の集合と解離でできているとし、抱合と離散を繰り返しながらも、全体としては不生不滅であると言います。彼は繰り返し、物質としての世界の不滅を強調します。ここからさらに、兆民は精神の働きについて論を進めます。

(7) 精神の能力

兆民は「世界が無始無終であるからには、世界の創造などありえない」と言います。すなわち神は必要ないのです。しかし「精神はどうであろうかというと、不滅としての精神はないが、しかし身体の働き即ち作用である精神は、身体が分解しない間は立派に存在して常に光かがやいているのである。それは当然のことで、そもそも我々の身体が生きている消息を示すのは何によってであるかといえば、その働き即ち精神の発揮によってである。目は視、耳は聴き、鼻は嗅ぎ、口は味わい、手足・皮膚は捕捉し、歩き、接触し、また感覚し、思考し、断行し、想像し、記憶するなど、これらは皆精神の発揮である。炭より発する焔と同じである。薪より生ずる火と同様である。このように精神すなわち身体の作用は身体より発しながら、その精神の本体である身体内に狭くとどまるのではなく、大気圏を突き抜けて、さらに太陽系の天体までも突き抜けて直ちに世界（宇宙）全体をとらえる能力があるのだ」。

そして兆民は、精神の働きについて、感覚や想像や記憶など人間の意識についても具体的に論じていきます。そして注目すべきは、意志の自由をめぐる論争を取り上げていることです。それは、人間が行動する場合、「意志の自由」によって行動を選択しているのか（自由意志論）、それとも人間の行動を誘導する「行為の理由」があって、それによって行動が決定されているのか（決定論）、という論争です。

この問題について、兆民は「意志の自由」も「行動の理由」も認めます。しかし、ソクラテスや孔子と、盗跖《とうせき》（中国の春秋時代の大盗賊）や石川五右衛門の例をあげて、人間の行動を導くものとして、平生の習慣や修養が重要であると言います。幼児からの教育や友人の選択などをはじめとした修養が、人間の「行為の理由」を決め、その上で「意志の自由」が働くのです。ここから兆民の結論は、「意志の自由を軽視し、行為の理由を重要視して、平素の修養を大切にすること」です。

また、兆民は「自省の能」を論じます。それは、自分が何をしつつあるか、何を言いつつあるか、何を考えつつあるかを自己反省する能力です。人間はこの「自省の能」があるからこそ、自分が為したことが正しいか不正かを自分で知ることができる。そして法律においても道徳においても、正・不正の判断が、自分だけでなく世間でも行われる。これによって道徳の根底が樹立されると、兆民は言います。このように、兆民の唯物論は、唯物論の基礎の上で人間の精神の働きも重視し、道徳の基礎をも明確にする理論だったのです。

以上でほぼ兆民の『続一年有半』の大要を紹介できたかと思います。このあたりでこの章を終えようと思いますが、いくらかの筆者の理解を付け加えさせていただきたい。

この『続一年有半』は、兆民が病を押して、文字通り最後の力を振り絞って書き上げたナカエニスムの精髄であると言えましょう。説明不十分なところがあったりしますが、それだけに、かえって簡にして要を得た叙述になっていると思われます。

徹底した唯物論であり、マルクス、エンゲルス以前の唯物論としては、極めて明晰な唯物論と言えましょう。用語などで「本体」(実体)、「実質」(物質)、「躯体」(身体)など現代唯物論とはちがいもありますが、十分に理解できます。「無神・無霊魂」という主張などは、現代から見ても納得できるものです。マルクス以前の唯物論ですから、機械的唯物論の傾きがなくはないですが、エンゲルスが批判しているような「肝臓が胆汁を分泌するように、脳髄が意識を分泌する」というような俗流唯物論とは無縁です。兆民は、意識の能動性を十分に認めています。「身体は炭・薪であり、精神は焔・火である」、「身体は本体であり、精神はその作用・働きである」という説明も我われを十分に納得させるものです。これは機械的唯物論をも、俗流唯物論をも超えて現代唯物論としても十分に通用する議論だといえると思います。

第八章　日本最初のマルクス主義の紹介者——幸徳秋水

1　幸徳秋水の生涯

幸徳伝次郎（秋水、一八七一～一九一一）は中江兆民の弟子であり、マルクス、エンゲルスの科学的社会主義の日本最初の紹介者です。彼は一九一〇年の大逆事件の首謀者とされ、死刑となりました。彼の生涯を見ましょう。

(1)　幸徳秋水の略歴

秋水は一八七一年に高知県中村市の薬種問屋と酒造業を営む家に生まれました。二歳の時に父が病没します。一八七六年、満五歳二か月で中村小学校に入学し、一八八一年に卒業して、一一歳で高知中学中村分校に入学しました。この間、一八七九年に九歳で木戸昭の修明社に入り、漢学を学んでいます。一八八五年、高知中学中村分校第三学年を修了してまもなく、中村分校は台風で倒壊し、廃校になります。

一八八七年に上京し、土佐出身の自由党の政治家・林有造《ゆうぞう》の書生となり、東京の英学館に通います。しかしその年の暮、保安条例違反で東京を追放されます。一八八八年に大阪で中江兆民の書生となり、国民英学会で英語を学びます。一八九〇年に自由新聞社に入り、その後、広島新聞、中央新聞などを経て、一八九八年に『万朝報《よろずちょうほう》』に入社しました。一九〇一年には社会民主党の創立に参加します。一九〇三年、『万朝報』の編集方針転換に抗議して退社し、『平民新聞』創立に参加しました。一九〇四年に『共産党宣言』を翻訳して『平民新聞』に掲載しました。しかし、一九一〇年に「大逆事件」に連座して逮捕され、投獄されます。一九一一年に死刑判決が下り、処刑されました。

(2) 幸徳秋水の活動

幸徳秋水（伝次郎）の略歴は以上の通りですが、いくらかの説明を加えたいと思います。明治初年の土佐は板垣退助をはじめ自由党の活動が盛んで、自由民権運動が活発となっていました。明治一〇年（一八七七年）に南九州で西郷隆盛を擁する不平士族が西南戦争を起こすと、土佐でもこれに呼応しようとする動きが出るという情勢でした。「高知の大獄」と言われた事件も起こりました。そうしたなかで、伝次郎は中学生となっていきます。たちまち彼も自由党左派的な思想の影響を受けます。一八八四年に板垣退助が中村に来た時には、一六歳の伝次郎もその歓迎会に参加して祝辞を朗読したとのことです。早熟な自由党系の青

幸徳秋水
(1871～1911)

年であったことが想像できます。

伝次郎は一八八七年に上京し、土佐出身の自由党の政治家・林有造の書生になり、英学館に学びます。折から自由民権運動が盛り上がり、明治政府は一八八七年一二月二五日に突如、保安条例を発動し自由民権運動の運動家五七〇名を東京から追放しました。これにより、林有造の書生であった伝次郎も追放の処分を受けました。当時、東海道線が開通以前であったので、徒歩で西下し苦労しながら土佐に帰りました。

一旦、土佐の中村に帰った伝次郎でしたが、再び旅に出て、長崎から上海に渡ろうとしますが、失敗に終わりました。友人の紹介で大阪にいた中江兆民を頼って、書生として住み込むことになりました。当時、中江兆民はJ・J・ルソーの『社会契約論』の翻訳である『民約訳解』を出版して有名になり、「東洋のルソー」と言われていました。しかし一八八七年の保安条例で東京から追放されて、大阪で『東雲新聞《しののめ》』を発行していました。ここで伝次郎は兆民の薫陶《くんとう》を受けることになります。

一八八九年に大日本帝国憲法が発布され、国会開設のために一八九〇年に第一回衆議院総選挙が行われました。中江兆民は大阪の有権者に請《こ》われて、大阪から立候補して当選しました。秋水も兆民について上京します。このころ秋水という号を兆民より与えられました。国会議員となった兆民ですが、翌年帝国議会の情況に失望し、辞職してしまいます。

一八九三年、幸徳秋水は板垣退助の主宰する『自由新聞』の記者になります。しかし一八九四年に『自由新聞』が経営難からつぶれ、秋水は、新しく創刊される自民党系の『広島新聞』に移ります。しかしこれも地方新聞として経営難で二か月でつぶれてしまいます。秋水は再び上京して、国民協会派の『中央新聞』に入ります。

一八九四年に日本政府は日清戦争を開始し、朝鮮半島への侵略を行いました。この戦争は、清国の勢力を朝鮮半島から駆逐して、これを安定した市場として確保することをねらったものです。この戦争を境として、日本の経済事情は大きく変化します。この戦争は軍事産業を勃興させました。日本資本主義は明治初年からの本源的蓄積の時代を経て、この戦争から日露戦争の時期にかけてようやく産業資本主義を確立したと言われています。近代的な労働者も不十分ながら一応独立した階級として成立しました。

日本の労働運動については一八七〇年代から高島炭鉱や三池炭鉱などで自然発生的な暴動などがあったとされますが、一八九七年に高野房太郎、片山潜らによって「労働組合期成会」がつくられ、『労働世界』という日本最初の機関紙がつくられたときから組織的な動きとなります。このような労働組合運動の開始とともに社会主義運動も始まります。一八九八年に片山潜、田口卯吉らによって「社会問題研究会」が結成されます。幸徳秋水もこれに参加しますが、当初は目立った存在ではなかったようです。

(3) 社会主義者への道

その後、秋水は次第に社会主義への関心を深め、一八九八年に『万朝報《よろずちょうほう》』に「社会腐敗の原因及び救治」という論説を執筆しました。ここで秋水は、日本社会の腐敗・堕落を防止しようとすれば、まず今日の社会組織を根本的に改造しなければならないと主張します。そして貧富の平等を計り、民に恒産を有らしめ、教育を普及し、選挙を公平にし、貴族制を廃止し、遺産相続法を改正し、貧民法・工場法・公費教育を実施するべきこと、さらに専有的私設事業の国有化、土地の国有などを考究すべきであると主張しました。これは、明治政府が三井・三菱などの特権的政商に特別な保護を加え、彼ら特権的資本家が政府と結託して不正・不当な利益を恣《ほしいまま》にしていることを批判したものです。しかしまだ、商品として資本家に買われた労働力そのものが剰余価値を生み出す源泉であるというマルクス主義の認識には到達していないものでした。

秋水のこの論説が片山潜らの眼にとまりました。秋水は彼らに誘われて、自然消滅していた「社会問題研究会」の後に彼らが一八九八年につくった「社会主義研究会」に入会することになります。この社会主義研究会のメンバーは、村井知至《ともよし》、安部磯雄、岸本能武太、片山潜、豊崎善之助、幸徳秋水、杉村楚人冠、高木正義、河上清、佐治実然、金子喜一らの人びとでした。彼らはユニテリアン教会の惟一館を借りて、定期的に研究会を開き、サン・シモン、ルイ・ブラン、ラサール、カール・マルクスなどを研究しました。第八回目の研究会では、秋水が「現今の政治社会と社会主義」という報告をしています。

このころ、『中央新聞』が政府に買収され、御用新聞になり下がっていました。秋水はこれに反発してここを退職して、兆民の紹介で黒岩涙香の主宰する『万朝報』に入社しました。このころ山県内閣は日清戦争後の労働運動の勃興に対して、早くも一九〇〇年に治安警察法をつくり、これの弾圧にかかりました。これに対して労働組合期成会の機関紙『労働世界』は、治安警察法は労働者の団結権とストライキ権などを奪うもので、到底容認できないとして反対を唱えました。幸徳秋水も『万朝報』紙上で「治安警察法案」と題する評論で、この法案は「専制政治家が自家の利欲と権勢のためにする横暴陋劣《ろうれつ》な精神」によるものであり、「このような法案は到底立憲政治下のものとは言えない」と批判しました。

一八九九年に先の「社会問題研究会」の人びとが中心となって、「普通選挙期成同盟」が結成されました。この同盟は、一定の国税を収めている資産家だけの制限選挙を改めて、すべての国民一般に同等の選挙権と被選挙権を与えよ、という要求を掲げました。これに秋水は幹事の一人として参加します。翌年の一九〇〇年に旧自由党の流れをくむ「憲政党」が政府に屈服して解党を宣言して、かつての政敵である伊藤博文を総裁とする「立憲政友会」を結党しました。この旧自由党の態度に憤慨した中江兆民は幸徳秋水に書を送り、「自由党を祭る文」を書くように促しました。これに応じて、秋水は『万朝報』に「自由党を祭る文」を次のように書きました。

「歳は庚子《こうし》にあり八月某夜、金風淅瀝《きんぷうせきれき》とて露白く天高きの時、一星忽焉《たちまち》堕《お》ちて声あり、嗚呼《ああ》自由党は死す矣《かな》。而して其の光栄ある歴史は抹殺《しこう》されぬ」。

秋水は弔辞の形式で、秋が到来しつつある夜空に流星が落ちることにたとえて、自由党の堕落を慨嘆しています。この文章は、自由党が進めてきた革命的民主主義の運動の担い手はもはやかつての自由党ではなく、今や労働者階級に礎《いしずえ》をおく社会主義者によって担われる時代が来ているという歴史的事情の表現であることを感じさせます。

（4）社会主義者としての活躍

一九〇一年五月一八日、安部磯雄、片山潜、幸徳秋水、河上清、木下尚江、西川光二郎の六人で、日本初めての社会主義政党が誕生することになります。名称は「社会民主党」でした。創立の宣言書は、安部磯雄が書きました。この宣言書は「社会民主党宣言」と八箇条の「理想綱領」および二八箇条の「行動綱領」から成るものでした。これが五月二〇日の新聞各紙に掲載されました。この「宣言書」は次のように述べています。

「いかにして貧富のへだたりを打破すべきかということは、実に二〇世紀の大問題であります。……一八世紀の末にあたってフランスを中心として欧米諸国に広がった自由民権運動は、政治上の平等主義を実現する上で大きな効力がありましたが、その後物質的な進歩は著しく、昔の貴族対平民という階級制度は今日、富者と貧民という忌むべく恐るべきものに変わりました。……そもそも経済上の平等は元であって、政治上の平等は末であります。ゆえに立憲政治を行い、政権を公平に分配したとしても、経済上の不公平が除去せられない限りは、人民多数の不公平は依然として変わりません」。

ここから「宣言書」は、労働者の経済的利益を通じて政治問題に取り組むことを述べています。

「今日政治機関は富者の手中にあり、貴族院は少数貴族と富豪を代表するのは言うまでもなく、衆議院もまたその内容を分析すれば、ことごとく地主資本家を代表しないものはありません。しかし記憶せよ。国民の大多数を占めるものは田畑に鍬鋤を取る小作人であり、工場に汗血をしぼる労働者であります。彼らは何がゆえに参政の権利を得られないのでありましょうか。彼らのために政治上の権利を伸長することこそは政党のなすべきことではないでしょうか」。

「宣言書」はこのように言って、完全な普通選挙権を要求しています。ではどのような方法でこの目的を達成しようとするかというと、暴力主義を排し、あくまで平和の手段を取るべきことを主張しています。「人あるいは社会民主党をもって、急激な説をとなえ、危険な手段をとるものというでしょうが、我々の説は頗《すこぶ》る急激ではありますが、しかもその手段はあくまで平和であります」。

このように宣言した後、次のような「理想綱領」を掲げています。

（１）人種の差別、政治の異同に拘わらず、人類皆同胞たりとの主義を拡張すること。
（２）万国の平和を来すためには、先ず軍備を全廃すること。
（３）階級制度を全廃すること。
（４）生産機関として必要なる土地及び資本は悉《ことごと》くこれを公有とすること。
（５）鉄道、船舶、運河、橋梁、のごとき交通機関は悉くこれを公有とすること。
（６）財産の分配を公平にすること。
（７）人民をして平等に政権を得しむること。
（８）人民をして平等に教育を受けしむるために、国家は全く教育の費用を負担すべきこと。

この後に、二八箇条の「行動綱領」を掲げて、あくまで合法政党として当局に届けていました。しかし間もなく警察から呼び出しがあり、警視庁の「禁止命令」が下りました。

この頃、足尾鉱山の鉱毒問題が大きな問題となっていました。一九〇一年一二月九日に地元選出の代議士である田中正造が秋水のもとを訪れて、足尾鉱毒問題を明治天皇に直訴する決意を述べ、直訴状の原稿を書いてほしいと依頼されました。秋水はこれを引き受けました。これに先立って一九〇一年四月に幸徳秋水の最初の著作である『二十世紀の怪物・帝国主義』が出版されます。また一九〇三年七月には『社会主義神髄』を出版します。一九〇四年一一月に秋水はマルクス、エンゲルス『共産党宣言』を堺利彦とともに翻訳し、『平民新聞』に連載します。英訳本からの重訳ですが、『共産党宣言』の日本での最初の翻訳です。

(5) 反戦平和の国際活動

一九〇〇年に中国東北部で起こった義和団の乱をきっかけとして、帝政ロシアが満州の占領に取り掛かります。英米日の三国はこれに対する反対に動き、戦争の危機が迫って来ました。一九〇三年五月、木下尚江が『毎日新聞』に日本国内の好戦論に反対する論戦を張り、『万朝報』の幸徳秋水、堺利彦、内村鑑三らも戦争反対の論陣を張りました。ところが、戦争が避けられないという状況が進むと、一九〇三年一〇月には『万朝報』の首脳部が経営政策上から態度を急変させ、開戦論を支持するようになりました。これに憤慨した幸徳秋水、堺利彦、内村鑑三らは抗議して『万朝報』を退社し、「平民社」を設立して、同年一一月に週刊新聞『平民新聞』を発行することになります。

一九〇四年に日露戦争が始まりましたが、『平民新聞』は反戦平和の主張を展開します。国際的にも有名になったのは、第一八号の「露国社会党に与ふる書」という文章です。ロシアのプロレタリアートに呼びかけるという形で、反戦平和を訴えたものです。国際的にも大きな反響を呼び、ジュネーブのロシア社会民主党の機関紙はこれに答える声明を出し、また同年アムステルダムで開催された第二インターナショナル第六回大会では、日本代表として出席した片山潜が日本社会主義者の反戦提案を紹介し、満堂の拍手を受けました。

一九〇四年の三月の第二〇号では「嗚呼、増税」という秋水の反戦論が掲載されますが、これが当局の咎《とが》めるところとなり、発売を禁止されます。それでも第五三号では、マルクス、エンゲルスの『共産党宣言』が幸徳秋水と堺利彦の共訳で掲載されます。しかし日本の官憲はこれを許さず、『平民新聞』を発行停止の処分にします。そのような状況のもとで経営的にも困難となり、『平民新聞』は一九〇五年一月の第六四号をもって廃刊となりました。

そのころ、平民社のなかで、キリスト教社会主義者の木下尚江、石川三四郎、安部磯雄らと、唯物論者の幸徳秋水、堺利彦との間で、意見の違いが次第に明らかになりました。それらの事情が重なり、ついに平民社は解散することになります。一九〇五年一一月に幸徳秋水はサンフランシスコの平民社支部を頼って、アメリカに渡ります。それは一年足らずの滞在でしたが、その間にアメリカの社会主義者や無政府主義者たちと交際を深めました。特にアナルコサンジカリストとの交際が注目されます。アナルコ（無政府主義的）サンジカリズム（労働組合主義）とは、一九世紀末に欧米のなかに生まれた思想です。それは、政治闘争と国家権力とを否定する無政府主義の立場から、労働組合を唯一の階級的組織と見なして、ゼネラル・ストライキなどの直接行動によって政府を倒し、一挙に社会を変革できるという一種の極左主義でした。それは、当時の欧米の社会民主主義運動が、議会主義に傾いていたのに対する反動という側面がありました。幸徳秋水はこれに関心を持ち、社会主義運動は議会だけでなく、労働運動にも力を入れて、労働組合を強化し、全国的なゼネラル・ストライキなどの「実力行動」を強化するべきだと考えるようになったと思われます。「実力行動」とは、このような労働組合の全国行動のことであって、後に日本の治安当局がこじつけた「天皇や政府高官へのテロ」などを意味するものではありませんでした。

(6) 大逆事件

明治末年は、ややリベラルな政友会の西園寺内閣の時代でした。これに対して、政敵である元老の山県有朋は揺さぶりをかけます。社会主義者や無政府主義者の動きを誇大に評価し、西園寺内閣の取り締まりが生ぬるいという空気をつくり出します。ついに一九〇八年七月に西園寺内閣は総辞職し、第二次桂太郎内閣が成立します。この内閣は社会主義者らに対して厳罰主義を取り、総検挙の方針を取ります。

そこで起こったのが一九一〇年の「大逆事件」です。一部の無政府主義者のなかに、ロシアのナロードニキの動きに刺激されて、天皇に危害を加えようという者が出て、爆弾を作製します。機械工の宮下太吉という人物です。これが警察に探知されて、宮下が検挙されます。この宮下が幸徳秋水と面識があるということで、宮下の計画の背後には幸徳秋水がいるに違いないという嫌疑がかけられ、幸徳秋水は六月一日に逮捕されます。

続いて内縁の妻である菅野すがを含む全国で数百人の社会主義者・無政府主義者が逮捕され、起訴されました。これは宮下太吉ら数人が、爆弾をつくり天皇に危害を加えようとしたという事件を利用した全くのでっち上げの裁判であり、社会主義者に対する大弾圧事件でした。裁判は大急ぎで行われ、二六名の被告のうち、幸徳秋水、管野すが、宮下太吉ら一二名が死刑、一二名が無期懲役、あとの二名が一一年と八年の有期刑という判決でした。判決は一九一一年一月一八日でしたが、一月二四日午前八時には死刑執行という異例の速さでした。とんでもない大弾圧事件でした。これは民主主義的知識人たちのなかに大きな動揺を引き起こしました。

しかし日本の労働者階級はこれに屈せず、次の時代の労働運動の高揚をつくり出していきます。

2　幸徳秋水の著作『二十世紀の怪物・帝国主義』

『二十世紀の怪物・帝国主義』（一九〇一年）は幸徳秋水の最初の著作であり、またレーニンの『帝国主義論』に先立つこと一六年という時期に、帝国主義をテーマとした先駆的な問題提起でした。

まず、緒言で秋水は世界情勢を次のように述べています。「盛んなる哉所謂《いわゆる》帝国主義の流行や、勢い燎原《りょうげん》の火の如く然《しか》り」。つまり、帝国主義は野原に広がる火のような勢いだと言うのです。こうして秋水は、イギリス、ドイツ、ロシア、フランス、オーストリア、イタリア、そしてアメリカまでも、欧米のいわゆる列強が帝国主義に奔走し、後進国の日本も日清戦争以降、これに追従しようとする状況を描いています。次いで、秋水は「国家の目的は社会生活の進歩であり、人類の福祉であるにもかかわらず、帝国主義は社会の進歩でも福祉でもない」と論じます。それに対して、「社会の進歩は科学的認識をもたなければならず、その理想は自由と正義であり、その極致は博愛と平等でなければならない」と言います。こうして、帝国主義と社会進歩との対立を論じた上で、秋水は帝国主義における愛国心や軍国主義などを批判していきます。

(1) 愛国心

秋水は、「帝国主義は、愛国心を横糸に軍国主義を縦糸にして織りなされる政策である」として、まず愛国心について次のように言います。

「愛国心は、外国や外国人を討伐することを栄誉とする好戦心であり、動物的天性である。好戦的な愛国心は、釈迦もキリストもこれを排除したのであり、文明の理想とは相容れない。それは、国民が苦労して得た利益や財産を取り上げて軍備を拡張し、生産のための資本を非生産的に消耗させ、物価を高騰させ、輸入を超過させる。これを『国家のためだ』と言う。愛国心の発揚はこのような結果を生むのである」。ここから、秋水は断言します。「パトリオティズム(愛国主義)とは、野獣の天性であり、迷信であり、熱狂であり、虚栄心であり、好戦心である」。

それゆえに、「迷信を取り去って知識に基き、熱狂から覚めて理性的な議論をし、虚栄心を捨てて真実に基づき、好戦心を捨てて博愛心をもつこと、これが人類の進歩の大道である。それゆえ、文明世界の正義の道は愛国心の跋扈《ばっこ》を許すことはできず、これを除去しなければならない。しかし残念ながら、卑《いや》しむべき愛国心が軍国主義となり、帝国主義になって、世界に流行している」。

この議論は、今日にも通じる愛国心と軍国主義への批判です。

(2) 軍国主義

さらに秋水は、軍国主義の現状を批判していきます。

「いまや軍国主義の勢力が盛んなことは空前のことであり、ほとんど極致に達している。列強が軍備の拡張のために使い果たす精力や財力は計り知れない。軍備が外敵の攻撃や内乱を防御する手段であるとするなら、なぜそれほどのものが必要なのか。一国を挙げて軍備拡張の犠牲にするのは、その目的が防御以外にあるからではないか」。そこで秋水は言います。「軍備の拡張を推進する理由は、一種の熱狂であり、虚栄であり、好戦的愛国心である。軍人が好んで戦略をもてあそび、武器・食糧などの軍需品を提供する資本家が一攫《いっかく》千金の巨大な利益を得るためのものである」。そして、秋水は古今東西の軍人らの多くの例をあげて批判しています。ここから彼は言います。「軍国主義と戦争は社会と文明の進歩に何の利益もないだけでなく、それを破壊し損傷するものであり、その弊害は恐ろしいものである」。

そこで、秋水は主張します。「軍備を誇ることを止めよ。徴兵制を崇拝することを止めよ。私は兵営が多くの無法者をつくり出すことを見た。多くの生産力を消耗させることを見た。多くの青年を挫折させるのを見た。兵営の所在地は多くが風俗の乱されるのを見た。行軍の沿道の民衆が常に苦しむのを見た。他方で、軍備と徴兵が国民のために一粒の米、一片の金さえも産出することを見たことがない。いわんや科学や、文芸や、宗教や道徳の高邁《こうまい》な理想を獲得することを見たことがない。むしろそれを破壊し尽くすのである」。これは軍国主義への痛烈な批判です。

（3）帝国主義

幸徳秋水は、先に見たように、帝国主義は愛国心を横糸と為し、軍国主義を縦糸と為しているとして、帝国主義を告発し批判していますが、さらに続けて次のように述べています。

「帝国主義とは大帝国の建設を意味する。大帝国の建設は領土の大拡張を意味する。しかし悲しいことに、領土の大拡張は多くの不正義を意味し、多くの腐敗堕落を意味し、ついには零落し滅亡することを意味する。国民の栄誉や幸福は、領土の大きさではなく道徳の程度の高さにあり、武力の強さではなく理想の高さにあり、軍艦や兵士の多さではなく衣食の生産の盛んなことにある」。

秋水はまた、帝国主義者たちの言い分を取り上げます。「帝国主義者たちは、領土の拡大は国家の生存にとって必要で止むをえないことであると言う。また貿易は国旗を押し立ててこそできるのであり、領土の拡大は自国の商品を売る市場を確保するために必要であると。ではなぜ新しい市場を開拓する必要があるかというと、資本と生産の過剰に苦しんでいるからだと言う」。これに対して秋水は反論します。「資本家が生産の過剰に苦しむと言う一方で、幾千万人の民衆が衣食の足りないと号泣しているではないか。生産が過剰だというのは実は需要がないからではなくて、多数の人民の購買力が足りないためである。多数の人民の購買力がないのは、富の配分が公平でなく、貧富の格差が増大しているからである。欧米において、富と資本がますます少数者の手に累積されて、多数の人民の購買力が衰退しているのは、自由競争の結果として、資本家が法外な利益を獲得しているからである」。

このように、秋水は、国内の貧富の格差の増大が人民の購買力の衰退をまねき、それによって資本や生産の過剰を生みだしているのだと批判するのです。

さらに秋水は言います。「帝国主義の政策は、少数者の欲望のために多数者の福利を奪うことであり、野蛮な感情のために科学的進歩を阻害し、人類の自由・平等を破壊し、社会の正義と道徳を破壊し、世界の文明を破壊するものである。帝国主義が忌むべきで恐しいのは、ペストの流行のように、それが侵害する所はたちまち滅亡してしまうことである。いまや、この愛国主義的な病原菌は政府にも在野にも蔓延《まんえん》し、帝国主義的ペストが世界の列強に伝染して、二〇世紀の文明を破壊し尽くそうとしている」。

ここから秋水は、社会変革を力強く主張します。「社会改革を目指す者は、国家の良医として大いに奮起しなければならない。国家社会に向かって大清潔法（大掃除の方法）を実施せよ。言い換えれば、世界的大革命の運動を開始せよ。少数者のための国家を変えて多数者のための国家にせよ。陸海軍人の国家を変えて農工商人の国家にせよ。貴族専制の社会を変えて平民の自治の社会にせよ。資本家の横暴の社会を変えて労働者の共同の社会にせよ。こうして後に、正義と博愛の心が偏狭な愛国心を圧倒するであろう。科学的な社会主義は野蛮な軍国主義を滅ぼすであろう。ブラザーフード（友愛）の世界主義は略奪的な帝国主義を一掃することができるであろう」。

このように幸徳秋水は帝国主義を徹底的に批判して、社会変革を主張しました。遅ればせにスタートした日本帝国主義が、日清戦争に勝利して有頂天になっているときに、これを正面から批判したわけですから、官憲はこれを許すことはできないとして、彼を狙ったのです。

続いて幸徳秋水はマルクス、エンゲルスの科学的社会主義を吸収して、次の著作『社会主義神髄』を著わします。

3 『社会主義神髄』

『社会主義神髄』(一九〇三年)は、わが国の社会主義者によって比較的体系的に書かれた最初の書物として重要です。それはまた、『共産党宣言』、『資本論』、『空想から科学へ』などの基礎的文献を参酌《さんしゃく》して、これらを紹介した点でも、重要な著作です。ここで「比較的」と書いたのは、当時マルクス主義の研究がまだ緒についたばかりで、訳語も確定しておらず、後の河上肇の『資本論入門』もまだ出ていない条件の下で、制限があったのは止むを得ないことだからです。

「ブルジョワジー」とか「プロレタリアート」などの用語も、随分苦労したようです。彼自身が次のように書いていますが、「かの社会党が多く使用するブルジョワジーという語のごとき、これまで、あるいは中等市民と訳し、あるいは資本家、あるいは富豪、あるいは紳商などと訳してみたが、いかにしても、社会主義者のいわゆるブルジョワジーの意義を完全に表すことができぬ。余は数年前、堺枯川と『共産党宣言』を訳したとき両人で種々相談した末についに『紳士閥』と訳することに折り合った。もとよりここに紳士というのは、ゼントルマンのごとき立派な意味ではなくて、日本語にいわゆる紳士、すなわち旦那連の意味に過ぎないので、よく労働者にたいする中流以上の階級を代表し得たと思う」。

この著作は七つの章からなっています。

(1) 第一章「緒言」

ここでは社会の現実を論じます。「殖産的革命」（産業革命）によって生産力の飛躍的増大がみられ、「近代文明の美華、光輝」が「壮観」のありさまを呈しているが、その反面で内部的矛盾がますます増大し、大衆の窮乏、中小企業の破滅という社会的矛盾が拡大し、富の蓄積の対極に貧困が蓄積されたことを指摘します。そして「偉大なる殖産的革命の効果はついに人道・正義・真理に合すべからざるか」、「豈《あ》にこれ真理ならんや、正義ならんや、人道ならんや」という問題提起をしています。

(2) 第二章「貧困の原由」

ここでは、貧困の原因を論じます。「近時、財富の分配がますます一部に偏重し貧富ますます懸隔する」。このような格差の原因は、一切の生産機関（生産手段）、換言すれば資本と土地とが、資本家と地主の手に独占されているからである。そこで、「これが治療の術」は「ただ一切の生産機関を地主資本家の手より奪うて、これを社会人民の公有に移すあるのみ」。これが実に「近世社会主義」別名「科学的社会主義」の骨髄である。秋水はこのように科学的社会主義の核心を極めて明快に主張しています。

（3）第三章「産業制度の進化」

ここでは、マルクスの唯物史観の公式（『経済学批判』「序言」）を踏まえて、各時代の経済が生産及び交換の方法の変化によって段階づけられ、原始共産社会→古代奴隷制社会→中世封建制社会→近代資本主義社会へと法則的に発展してきたことを概括しています。

次いで資本主義社会の分析に入り、資本家階級と労働者階級の「階級の争闘」、「資本の集中」、生産の無政府状態から来る恐慌の周期的爆発と工業的予備兵（産業予備軍）の発生をこの社会の基本矛盾として挙げています。

商品としての労働力が「価格」を創造することを指摘していて、「剰余価格」についても説明していますが（秋水は価値を「価格」と訳しています。しかし一応「剰余価値」についてのそれなりに適切な解説をしています）。

続いて過剰生産恐慌から資本の集積と蓄積、企業の集中が「同業者大同盟」「トラスト」という形をとって発展し、世界各国の産業は、ほとんどトラストの独占統一になるとしています。独占資本主義の段階では、社会的生産と資本家的領有との矛盾がその極点に達します。そこで、「一面においては、資本家による個人領有の制度が、もはやこれらの生産力を支配する能力無きを示すと同時に、他面においては、これら生産力それ自身もまた無限膨大の力の威圧をもって、現時制度の矛盾を排除し尽くさんとせるなり」と言います。そして「これ豈《あ》に一大転変の運に向かえるものにあらずや、一大破裂の時に瀕《ひん》せるものにあらずや」と結んでいます。つまり、社会の大変革に向かうというのです。

（４）第四章「社会主義の主張」

ここでは社会主義の四つの要件を提示しています。

第一は、「物質的生産機関、すなわち土地資本の公有」です。

秋水は次のように言います（以下では秋水の原文を紹介します）。「近世社会主義は社会人民全体をして土地・資本を公有せしむることを主張す。社会人民全体をして、これより生ずる利益に与《あずか》らしむるを主張す。而《しこう》してさらに従来、経済意義における地代および利息の廃滅を主張す」。「資本の集中合同の極《きわみ》は、すなわち各種の事業をして、ことごとく独占の事業たらしめずんば止まず。今や問題は、独占事業をして依然、少数階級に私《わたくし》せしむべきか、はた社会公共の所有に移してその統一を期すべきか、二者その一を掴《つか》むに在り」。つまり、資本独占を続けるのか、それとも社会の公有に移行するのか、が問われるというのです。

第二は「生産の公共的経営」です。

「社会はひとり生産機関を公有するにとどまらずして、公選せる代表をしてこれを経営せしめざるべからず。而《しか》してこれらの経営を必ず社会全体にたいして、その責に任ぜざるべからず」。つまり経営の代表者は公選されるので、経営は社会に責任を負うというのです。こういう社会主義の社会では「ただに失業の人なきのみならず、一面に於いては、万民みな労働に服せざるべからざることを意味す。公共的生産のもとにあっては、利息なく地代なし、徒手《としゅ》独居してもって他の労働の結果を略奪するの手段なければなり」。社会主義社会では、失業者がないだけでなく、他人の労働を搾取する手段もなくなり、万人が労働することになるというのです。

第三は「社会的収入の公正な分配」です。「収入の一部をもって、生産機関の保持・拡張・改良および備荒の資に充つる他、他はすべて社会全体に分配してその消費に供すべし。社会主義制度のもとにあっては、吾人万人はその生まれてより死に至るまで、ひとり疾病・災禍・老衰に対するのみならず、教育・娯楽その他一切の需用を満足すべき保証を有す」。社会主義社会では、社会の収入が生産手段を維持し改良するために使われるだけでなく、万人に公平に分配されるとともに、病気・災害・老衰への対処や教育や娯楽などにも使われるというのです。

第四は「社会の収入の大半をもって個人の私有に帰し」「各人の消費」に充てることです。社会生産の目的は各人の需要の満足にあるけれども、必ずしも私有する必要のない「学校、公園、図書館、博物館のごときは共有の財産として自由にこれを使用す」。「将来経済組織ますます統一し社会的道徳ますます発達することを得ば、社会的収入を公共的に使用す」。この社会主義社会では「各人は社会のために応分の労働を供給して社会は各人のために必要の衣食を生産す。分配あって商業なし、統計あって投機なし。協同あって争闘なし。豈にまた生産過多あらんや。豈にまた、恐慌の襲来あらんや。人は決して富のために支配せらるることなくして、よく富を支配することを得べきなり」。つまり、商業や投機でもうけることや、競争や闘争はなくなり、過剰生産も恐慌もなく、富が人を支配するのではなく、人が富を支配するというのです。

（5）第五章「社会主義の効果」

ここでは、まず「社会主義は一面に於いて実に民主主義たるなり。自治の制たるなり」とされます。そして「社会主義は国家の保護干渉に頼るものにあらざるなり。少数階級の慈善恩恵にまつものにあらざるなり。その国家や人類全体の国家なり。その政治や人類全体の政治なり」とされます。つまり最大多数の人民のための、人民の、人民による政治だから民主主義の最高形態なのです。

他面において「社会主義は現時国家の権力を承認せざるのみならず、さらに極力、軍備と戦争を排斥す。それ軍備と戦争とは、今のいわゆる『国家』が資本家制度を支持するゆえんの堅城鉄壁とする所にして、多数人類はこれがために多大の犠牲を誅求《ちゅうきゅう》せられる」。こうして、軍備と戦争の廃止が主張されます。いったん戦争が起これば、莫大な財界と人命が失われる。戦争は少数の軍人の功名と戦争でもうける投機師の利益になるのみである。人類の災厄や罪過は戦争以上のものはない。そこで秋水は言います。「もし世界万邦、地主資本家の階級存することなく、貿易市場の競争なく、財富の生産饒多にして、その分配公平なるを得、人々各々その生を楽しむに至らば、誰がために軍備を拡張し、誰がためにか戦争をなすの要あらんや。これら悲惨なる災厄罪過はために一掃せられて、四海兄弟の理想は、ここにおいて、はじめて実現せらるるを得べきなり」。このように、彼は社会主義が究極の民主主義であり、平和主義であることを強調しています。

以上、『社会主義神髄』のほんの簡単な要約・紹介です。ここでぜひ付け加えておかなければならないと思うのは、秋水がその付録で次のことを述べていることです。

（1）階級支配の機関である国家の死滅について、エンゲルスの言葉を引用していること。

（2）「社会主義と婦人」の項で、従来は婦人を男子の玩弄物にしてきたのに対して、婦人を解放して独立の人格者とするのは「社会主義の実行」によって可能となると主張していることです。これは当時としては優れた点だと思われます。

なお二一世紀の今日よりすれば、本書の欠点（不十分さ）はいくつもあると言えましょう。経済理論や経済史の理解が不十分なのは当然です。当時の日本資本主義の未発達があり、社会科学の研究も不十分でした。弁証法的唯物論が把握されていないため、唯物史観が進化論的に歪んで理解されていて、社会発展の推進力としての階級闘争の意義が十分捉えられていないため、自然成長論的な記述となっていることなどが指摘されるでしょう。しかし、秋水が当時としては、社会変革の法則を鋭くつかみ、経済的発展の諸法則を問題にし、資本主義社会の最後の段階である帝国主義の崩壊を指摘しています。この先見的な洞察は彼の革命家としての鋭敏な感覚を示していると言えましょう。

4 『基督抹殺論』

先に書きましたように、幸徳秋水は、一九一〇年の六月一日に逮捕されますが、獄中で最後の著作『基督《キリスト》抹殺論』を執筆し、一一月二〇日に書き上げます。翌年の一九一一年一月一八日に死刑判決が下り、二四日に処刑されましたが、『基督抹殺論』は二月一日刊行されました。これが文字通り遺著となりました。そのような事情の著書ですが、簡潔に内容を紹介したいと思います。

幸徳秋水は、この著作でイエス・キリストは実在の人物ではなく、況《いわん》や神ではない、と言っています。聖書は古代ユダヤ民族が置かれた厳しい状況のなかではぐくんできた観念のなかの神話であって、イエス・キリストを神であり、神の子であるというのは虚妄であると主張しています。彼がこのようにキリスト教にこだわったのは、当時の日本の社会主義運動のなかで、キリスト教社会主義の影響が強く、これの克服が必要であると思われたからでした。彼はキリスト教社会主義を克服して科学的社会主義を確立しなければならないと早くから考えていました。彼の唯物論的無神論の考え方がよく表れています。

なおこの『基督抹殺論』は実は天皇制廃止を考えていた秋水の「天皇抹殺論」だったのではないかという議論が大逆事件直後からあったという説があります（『基督抹殺論』の岩波文庫版の解題で、林茂氏と隅谷三喜男氏が紹介しています）。しかし、その説は穿《うが》ち過ぎではないかと思われます。本文のなかにはそのようなことを思わせる文章は少しもないということを付言しておきます。

第九章　日本労働運動の父――片山　潜

1　片山潜の経歴

片山潜《せん》（一八五九〜一九三三）は、岡山県粂《くめ》郡羽出来村の庄屋の家の次男として生まれました。四歳の時、両親が離婚し、潜は祖父母の家で母によって育てられました。家業を手伝いながら学問をし、一時は小学校の助教を務め、岡山の師範学校に入学します。二二歳の時に師範学校を退学し、東京に出て身を立てる決心をします。上京した彼は、印刷所で文選工として働きながら、岡塾という塾で勉強します。やがて先生の代稽古《だいげいこ》をするようになり、印刷所をやめて、塾僕となります。しかし彼は漢学よりも西洋の学問をしたいと思っていたので、そのころ友人からアメリカでは働きながら大学で学ぶことができるという話を聞き、渡航する決意を固めます。

一八八四年に二五歳の潜はアメリカに渡り、住み込みの家事労働、食堂の皿洗い、掃除夫など低賃金労働で苦労しながら、生活費を稼ぎました。そのうち英語がわかるようになると、いくらか有利な収入が得られるコックとなり、貯金がいくらかできると大学予備校に入りました。そしてメリービル大学の予科で勉強し、一年後にアイオア大学に移ります。一八九二年に同大学を卒業後、アンドーヴァー神学校に入学し、同時にグリンネル大学の大学院に籍を置いて、論文「ドイツ統一史」で修士号を得ました。文字通り苦学力行の学生生活でした。

一八九六年に足掛け一三年ぶりに帰国しました。彼は三八歳になっていました。帰国した片山潜は、神田三崎町で教会の援助を受けて、セツルメント事業をはじめ、幼稚園、店員英語夜学校、市民夜学校、渡米案内などの事業を始めました。

片山潜がアメリカにいた間に日本の社会も大きく変化を始めていました。自由民権運動は挫折させられ、大日本帝国憲法が発布され（一八八九年）、その翌年に国会が開設されました。また日清戦争で日本が戦勝国となり、産業革命が進み、労働問題という新しい社会問題が発生していました。

一八九七年に労働組合期成会が結成されました。アメリカ時代にラサールなどの書物に触れていた片山潜はこれに参加し、鉄工組合の幹事に選ばれます。一九〇〇年に治安警察法が制定されて、弾圧が始まりますが、一九〇三年に幸徳秋水の『社会主義神髄』とともに、片山潜の『我《わが》社会主義』が出版されています。

2　片山潜の『我社会主義』

幸徳秋水の『社会主義神髄』は、当時の知識人を対象にした書物であり、格調の高い名文で書かれています。それに対して、片山潜の『我社会主義』は、いわば労働者を対象にして書かれていて、分かりやすい文章になっています。それがこの著作の長所と言えるでしょう。この著作は、「社会主義とは何ぞや」という章から始まり、資本家制度（資本主義制度）を論じ、社会主義を論じるという三〇章からなるものです。現代語訳でその要点を見てみましょう。

（1）社会主義とは何か

片山潜は、「社会主義とは何か」という問いに答える手掛かりは、社会主義を喜ぶ者と社会主義を恐れる者とを見ることだと言います。「社会主義と聞いて恐れる者は誰か。それは富豪であり、資本家であり、富豪や資本家に加担する者である。現在の社会で好位置を占める者である。それに対して、社会主義を歓迎する者は誰か。それは、現在の社会で圧迫を受ける者であり、富豪や資本家と正反対の地位にある者である。社会主義を喜ぶのは労働者である。世間で失敗した者もこれを喜ばざるをえない。社会主義は労働者の福音である」。

ここから片山はさらに言います。「ではなぜ富豪や資本家は社会主義を恐れ、労働者はこれを喜ぶのか。それは、社会主義は資本家や富裕者には不利であり、労働者には有利だからである。労働者がまた社会主義を切望するのは、社会主義によってはじめて資本家の圧迫を脱却できるからである。これがまた資本家や富豪が社会主義を排斥する理由である」。

ここから片山は社会主義の本質に迫ります。「社会主義の根本の目的は、現在の経済組織である個人的産業組織を一変して、社会的共同の組織にしようとすることである。平たく言えば、現在のように、少しも労働することなく富をつくらぬ者が、富者となってあらゆる贅沢を極め、社会で尊敬され、上位を占めている一方で、日々労働して富を実際につくっている者が、かえって貧困に苦しみ、社会で軽蔑され、しばしば飢餓に迫られるという、不公平で不条理な社会を一変し、まったく改造して、怠惰な者が跋扈《ばっこ》することができず、富の生産者である労働者がその労働の成果を十分に得るような、公平で正当な産業組織にしようというところにある。なおいっそう簡明に露骨に言えば、働かぬ者は食わせぬ、という社会制度を組織することである。これが社会主義である。社会主義の主張はここにある」。これは実に簡潔・明瞭な社会主義の説明です。

(2) 資本家制度とは何か

続いて、片山は資本や資本家について論じます。

「資本の起源は労働である。労働者が労働を自然物に与えてできるものである。すべての資本は労働の成果であり、資本は過去の労働を表現するものである。いかなる天才も、大学者も、大発明家も、労働することなくして資本をつくり出すことはできない。資本家の資本はみな労働者のつくり出したものである。資本が労働の成果であるということを、経済学の祖であるアダム・スミスが初めて認めた。しかし今日の資本家のもつ資本がいかにして出来たのかは、学者によって見解が異なる。節約によるとか、勤勉・貯蓄によるとか、また労働者の労働の横領によるなどと」。

片山　潜
(1859～1933)

これに対して、片山は「今日の資本はいわゆる資本家制度の結果である」と言います。資本家制度は資本と労働との関係からなります。「この点は、資本と労働との歴史的関係を研究して明白にするべきだ」と言います。

ここから資本家制度の歴史をふり返ります。

「社会の組織は一朝一夕に成立したものではない。今日の産業社会は封建政治の慣習を受けついでいる。フランス大革命は政治の革命だけでなく、産業界の革命でもあった。現代の社会は一世紀の歴史をもっているがゆえに、労働者は旧習に感化されて、今日の不公平な産業制度を意識せず、熱心に富をつくり、資本を労働によって増殖させるにもかかわらず、豊穣な産業の成果を自らのものとできず、現在の産業を支えるために生存を許されることになっている。こうして勤勉に働く者が飢餓の心配をし、失業の不幸に陥り、妻子ともに路頭に迷う境遇にあるのに、少しも労働しない怠惰者が飽食し美服をまとい遊興の日々を送っている。このような不公平・不条理の社会になっているのは何が原因なのか」。

この問いに対して、「それは他でもなく、労働者と資本とが相離れたのが原因である」と片山は答えます。つまり、労働者が自分の労働のための手段である土地や労働用具から切り離されて、資本家に雇われて働く制度、つまり「資本家制度」ができたからです。ここから、「労働者が労働の成果を他人に譲渡することになったことが、労働者が権利を失うことになった始りである。労働者が産業社会で権利を失った歴史は、社会に資本家という階級ができた歴史である。全一九世紀は資本家と労働者との発達の歴史である」。

続いて、片山は、資本主義の発展の歴史を述べます。

「工場制度は機械の応用とともに発達し、ここに資本家と労働者との階級が分離した。初期時代における資本家の利益は、旧来の家内工業を破壊していくことにあり、機械工業が手工業に代わって工場制度を設置した。そして工場および機械工業が多数を占め、家内工業をほとんど撲滅すると、工場主は工場主との間で競争せざるをえなくなった。工場主と工場主との競争、すなわち資本家と資本家との競争は初期の競争に比べてはるかに熾烈《しれつ》なものになる。今や資本家どうしの競争は価格の低下を唯一の武器とせざるをえない。それゆえ、労働者を苦しめても他の資本家と競争し、また進んで新しい機械を導入して特許権によって競争を防ぎはするものの、機械の原動力の導入は資本家間の競争をいっそう激烈なものにする。機械の運転のために人力に加えて蒸気や電気を使用するようになったのは、産業家の一大進歩である。こうして競争の武器がいっそう精鋭になった結果、資本家はその勢力を増し、産業戦争の激しさで多数の資本家を倒し、有力な少数の資本家が各所に割拠するようになった。労働者は、資本家のための兵卒となって、産業戦争をする資本家の利益のために犠牲にされる。一大資本家が起こるたびに、多数の労働者と多数の小資本家が犠牲にされる。あたかも一将成りて万骨枯れるがごとくである」。

このような競争の弊害はそれにとどまりません。

「不道徳が資本家の利益のために行われる。賄賂や買収は彼らの好手段である。裁判官を買収し、法律の網の目をくぐり、官吏を手下にして自分の利益を計り、学者を買収して自分に便利な学説を吹聴させ、政治家を養って自分に有利な法律を制定させる。さらに進んで、政府をも自分の利益のための手下にして、補助金をむさぼり独占的事業を起こさせる。これに加えて、政権を濫用して増税にあたって消費税を増加させて自己の負担（法人税）を減税させる。こうして、あたかも全社会が資本家の儲けのために作られているかのごとくである」。

これは、現代の資本主義にも通じる現象への批判です。さらに片山は、資本による競争によって最も犠牲になるのは労働者であることを論じます。

「機械を精密で優良なものにするのは競争の一手段である。しかし究極的な手段は労働者の賃金を減らし、労働時間を長くして、生産費を減らすことである。これが資本家らの自由競争の唯一の手段であり、これを用いる以外に勝算はない。現在の生産方法は労働者を犠牲にして利益をむさぼるようにできているのである」。

さらに悲惨なものは労働者間の競争であることが指摘されます。この競争は労働者が生きるために強制される競争なので、「強制競争」と呼ばれます。それは資本が自分の儲けのために自由に行う「自由競争」と対比されています。

「労働者は、多くの場合同じ工場で働き、または同じ親方の下で養成され、友人であるにもかかわらず、資本家制度の社会で信仰される拝金という宗教の悪魔・餓鬼に襲われ、やむを得ず義理も人情も道徳も顧みることなく、競争によってパンを得る場所を奪い合うことになる。このような労働者間の競争を利用して、資本家は賃金を削減し労働時間を延長することをはばからず、漁夫の利を得るのである。しかも、資本家間の自由競争が激しくなれば、労働者間の強制競争もむごたらしく殺伐としたものになる。一資本家が自由競争によって倒れるごとに、多数の労働者はパンを得るべき所を失う。

そこで、競争の勝利者の工場の門に仕事を求めざるをえない。そこではもはや賃金の多寡など言っておれず、生命を保つために無理にでも労働しなければならない」。

(3) 社会主義とは何か

以上のように資本主義の不合理と矛盾を詳細に論じたあと、片山は社会主義の必要と現実的必然性とを論じていきます。まず、社会主義が近代人の発想ではなく、古くは古代ギリシアのプラトンの政治思想にもこれが現れており、その後、ルネサンス期のトーマス・モアの『ユートピア』などにも、現れていることに触れ、さらにキリスト教においても隣人愛という形で社会主義的な思想が見られることを述べます。

その上で、近代の社会主義思想について、以下のように解説します。

まず、「近代の社会主義は資本家制度の結果、経済上の必要から起こったものである」。したがって、「社会主義は資本家制度が生みだしたものであり、資本家制度に代わって社会を支配する使命をもつものである。近代の資本の進化はこのことを明瞭に示している。資本家制度の発達していない社会においてはほとんど社会主義を実行することはできず、する必要もない。社会主義の産業は資本家制度の後に来るべき産業制度である。資本家制度が発達するにしたがって、社会主義制度もその内で発達してきた。社会主義が資本家制度の社会において発達するのは、あたかも赤ん坊が母親の胎内で成長するようなものである」。

ここから片山は、社会主義制度の内容が資本家制度からどのように準備されるかを論じます。

「社会主義は私有の個人財産を否定する。資本家制度はしだいに多数の人民から財産を奪い、それをいまや極々少数の者のものにしている。社会主義は協働一致して、大仕掛けの産業を目的としている。資本家はすでに小資本家を圧倒し併合して、産業を大工場に集めて、一大制度をつくっている。社会主義は万国共通の産業を望む。資本家はすでに万国的（国際的）な産業を起こしている。社会主義は自由競争を否定する。資本家はすでにこれをトラストの下で断行している。社会主義は社会の共有の産業を主張する。社会の大勢はこれに向かって進みつつある。ヨーロッパの都市事業はもっともよくこの傾向を示している。交通機関の進歩は実に好ましい結果を示している」。

また片山は、スイスの郵便制度、電話制度などを紹介しています。こうして、資本家が経営しない公営企業の利点を述べています。

次いで片山は、社会主義が社会の公衆の利益をはかることを次のように述べています。

「現在の社会制度すなわち資本家制度は、個人の経済を基礎として自由競争を進歩させることを原則としている。社会主義は社会の公衆の利益を目的とする。社会主義者は社会の公衆一般の利益をはかることによって、最も公平でいっそう多くの個人の利益や幸福を増進することができると考える。それゆえ、社会主義は個人的経済を後にして、社会的経済を優先することを主張するのである」。

また片山は、政治運動における社会主義の発達と、その運動の国際性を論じます。「マルクスとエンゲルスは、社会主義が政治運動と結びつくべきことを主張した。しかし彼らは万国の労働者の一致団結によってその目的を達成しようと務めたので、この国の政治やあの国の政党ということをあまり重視しなかった。これは彼らの境遇によるもので、彼らが国際的になったのも、彼らが経済の進化に最も重きをおいたからである」。

そして、マルクスの理論をダーウィンの進化論と結びつけるのも片山の議論の特徴です。「マルクスの資本論は、ダーウィンの進化論を経済界に応用して、人類社会の大問題に解決を与えたものである。むしろダーウィンの進化論が近代産業の発達においても行われていることを発見して、旧来の経済学説を根本から打破して、社会主義の経済組織を近代産業組織の発達と進歩に照らして説明している。ゆえに、ダーウィンの自然界における進化論が当時の科学に一大革命を起こしたのと同様に、マルクスの資本論によって解明された経済産業界における人類の産業進化論が、当時の経済と産業社会の思想に一大革命を起こしたのである」。

以上で片山潜の『我社会主義』の紹介を終えたいと思います。彼は熱心に科学的社会主義の吸収と紹介に努めていますが、まだ十分とは言えません。史的唯物論の理解も十分ではなく、『資本論』の研究も不足していると言わざるをえません。しかし『資本論』の全訳もまだなかった当時としてはやむをえなかったところです。『資本論』の研究は後の河上肇によって初めて本格化するのです。

3　片山潜の労働運動での功績

片山潜は労働運動の世界で不滅の功績を残しました。彼は日本における労働組合運動の最初の組織者として、全国各地の工場や鉱山あるいは鉄道で精力的に活動しました。また消費組合運動のような労働者の日常利益をはかる運動にも熱心でした。同時に、労働運動を社会主義運動に結びつけようと意識的に努力しました。一九〇一年に結成された、わが国最初の社会主義政党である「社会民主党」（直ちに官憲により禁止されましたが）の六名の発起人の一人となり、また日露戦争さなかの一九〇四年八月に第二インターナショナルのアムステルダム大会に出席し、プレハノフと壇上で握手をかわして反戦・平和のたたかいを誓い合ったことなど、先駆的な仕事はよく知られたところです。

一九一四年、五五歳の身で四回目の渡米をします。激しい肉体労働で生活費を稼ぎながら、在米日本人の社会主義運動を組織する運動を行いました。一九一七年にロシアで社会主義革命がおこりましたが、ロシアの革命家との交流も行っていた片山は、日本人として最も早くこの事件の世界史的意義を理解し、これを支持しました。そして科学的社会主義者として前進して行きました。特にレーニンの『国家と革命』を英訳で読んだことが決定的です。それによって、第二インターナショナル流の「合法マルクス主義」から出発した彼の思想が、明確に科学的社会主義に転換することになったと思われます。

一九二一年一二月にコミンテルン本部に迎えられてソビエト連邦に入国した彼は、日本共産党を結成する準備をするとともに、アジア諸国の革新的・革命的組織を確立する運動を指導しました。同時に、日本を含めた帝国主義諸国のロシア革命への干渉戦争に反対する活動を開始しました。具体的には、一九二二年一月に開かれた極東民族大会に日本代表団の団長として参加し、大会全体の名誉議長に選ばれて大会全体の運営を指導しました。またここで「日本の政事、経済情勢、労働運動」について報告しました。この会議は同年七月一五日の日本共産党の結成を促進する上で重要な役割を果たしました。

一九二二年のコミンテルン第四回世界大会で、片山は執行委員会幹部会員に選ばれ、その後の第五回、第六回大会でも再選され、死ぬまでその地位にありました。この晩年の一二年間のモスクワ時代に、片山は国際共産主義運動の老練な指導者として多面的な活動を行ったのです。

第一〇章　日本マルクス主義経済学の開拓者・唯物論者——河上肇

河上肇は戦前の京都帝国大学の教授で、明治以来の日本の経済学界の第一人者と目された人で、多くの弟子を育てました。いわば学問の世界で最高峰まで登りつめた人です。しかしそれで終わらず、この世の中から貧乏を無くすということを自分の生涯の仕事と思い定め、そもそも貧乏の原因は何か、貧乏はどうすれば無くせるのかと考えて、さまざまな思想を遍歴して、遂に科学的社会主義に到達したのでした。

河上肇は極めて純粋な一本気な人でしたから、単なる理論研究に止まらず、実践活動にも入っていきました。そのため、政府によって大学を追放され、治安維持法によって逮捕・投獄されました。刑期を終え、「廃兵宣言」をして出獄した河上は、京都に戻り、ひっそりと暮らしますが、一九四五年八月一五日に日本帝国主義の無条件降伏により人民革命の機運が高まるのを非常に喜んで迎えました。しかし病と老衰のため活躍の場がなく、一九四六年一〇月三〇日に京都の吉田の自宅で亡くなりました。極めてドラマチックな人生でした。

1　河上肇の生い立ちと『貧乏物語』の連載

河上肇は一八七九年一〇月二〇日に山口県岩国町で生まれ育ちました。彼は長州人気質を持ち、早くから「経世済民」のための学問を志し、東京帝国大学を卒業しました。大学卒業後一九〇五年に「社会主義評論」を『読売新聞』に連載しました。河上はそこで、現代の資本主義は豊かな富をつくり出しながら、それが一部の大金持ちの手元に集中し、他方で多数の労働者・勤労者が貧しい暮らしを余儀なくされていると指摘します。そして、こういう社会では社会主義思想が発生して、人びとをとらえるのは必然であるということを諸外国の例を挙げながら説明し、今や日本でも避けて通れない問題となっていることを説いたのです。この評論は極めて好評で、『読売新聞』は発行部数が一挙に四倍になるというほどの成功を収めました。河上は二六歳で一躍論壇の寵児《ちょうじ》になったのでした。

河上　肇
(1879～1946)

人道主義から出発した河上は、それからわずか一年半で「無我苑」という宗教団体に飛び込んでいきます。「いかにすれば自我を無くし他人を愛することができるか」と思案していた彼は、「絶対的利他主義」とでもいうべき教義をかかげる宗教団体に心惹かれたのです。しかしこの「唯心論的無我愛」の宗教団体にも満足せず、それから飛び出して、新聞記者になります。さらに一九〇八年に京都大学の講師になります。学者の道を選んだら、たちまち論文を書き、認められて助教授になり、一九一五年には三六歳の若さで京都帝国大学の教授になります。

河上は、一九一六年九月から一二月にかけて『大阪朝日新聞』に『貧乏物語』を連載します。これがまた好評で、翌年、単行本にまとめられましたが、たちまち版を重ねて二年後には第三五版が出ています。実に多くの人がこの本を読んだことがうかがわれます。大ベストセラーであったわけです。この『貧乏物語』の書出しは次の通りです。

「驚くべきは現時の文明国における多数人の貧乏である。一昨昨年（一九一三年）公にされたアダムス氏の『社会革命の理』を見ると、近々のうちに社会には大革命が起こって、一九三〇年、すでにことしから数えて一四年目の一九三〇年を待たずして、現時の社会組織は根本的に転覆《てんぷく》してしまうということが述べてあるが、今日の日本においてかかる言《げん》を聞く時は、われわれはいかにも不祥《ふしょう》不吉《ふきつ》な言いぶんのように思う。しかし翻って欧米の社会を見ると、冷静なる学究の口からかかる過激な議論が出るのも、必ずしも無理ではないと思わるる事情がある。英米独仏その他の諸邦、国は著しく富めるも、民ははなはだしく貧し。げに驚くべきはこれら文明国における多数人の貧乏である」。

現代の文明社会では、貧乏人が驚くほど多い。懸命に働いても収入が少ないので、肉体的にも精神的にも健康な暮らしが保てない。これが本書でいう「貧乏」であると定義して、論を進めていきます。なぜこのような貧乏が生じるのかをさまざまな経済学の知識を動員して分析して、そして最後には富める人の心の改造、金持ちが心がけを変えなければなれない、すべからく心を入れ替えて自分の財を社会に寄付して貧しい人を救うことを行うべきではないか。それがこの時期の河上の結論です。これは要するに「社会改良主義」の考え方です。科学的社会主義とは明らかに程遠い思想です。この時期の河上はこのような位置から出発していたのです。

マルクスは「資本家は資本の人格化である」と言っていますが、資本家はあくまでその資本を増大させようと努力します。普通に考えたら、そんなに儲けてどうするのかと思うでしょうが（個人で消費するには限度があります）、資本家が資本家である限りは、他の資本家との必死の競争のなかにありますから、金儲け競争をやめた途端に、ライバルに出し抜かれて、敗北者として没落せざるをえないことになります。

2　時代の転換と『社会問題研究』の発行

とにかく『貧乏物語』は評判がよく、大成功でしたが、その限界に河上自身が気付かざるをえないことになります。それには大きな時代的な背景・世界史的転換がありました。

まず一九一七年のロシア革命です。それに先だって、一九一三年一〇月に京都大学講師の河上は文部省留学生として満二か年の予定でヨーロッパ留学に旅立ちました。この留学経験は『貧乏物語』にも生かされていますが、その後の思想にも大きな影響を与えたと思われます。河上が、ロンドンを経て、パリからベルリンに入った直後の一九一四年六月二八日に、第一次世界大戦の口火となったサラエボ事件（オーストリア皇太子暗殺事件）が起きました。たちまち戦線は拡大し、日本も日英同盟を理由にドイツに宣戦布告することになります。河上は留学どころではなくなります。河上はオランダ経由でロンドンに戻り、留学期間を短縮して、神戸に戻ったのは一九一五年の二月末でした。思わぬ出来事の連続でした。しかし資本主義の母国であるイギリスを始め、ヨーロッパの現地を踏んだことは、第一次世界大戦を現地で体験するという付録もついて、有意義な留学であったと言えるでしょう。さらに、社会主義運動の国際組織であった第二インターナショナルの大黒柱のように見られていたドイツ社会民主党が、開戦とともに帝国主義戦争反対の旗を降ろして、戦争支持に急変した歴史的場面を現地で目撃していることも、偶然とはいえ、重大な体験であったといえましょう。

また河上が留学している間に、京都大学では「沢柳事件」と言われる大学の自治（教授会による人事権の確保）をめぐる紛争が起きていて、大問題となっていました。この事件によって、教授の任免は、総長も含めて教授会の議を経て行うということを文部大臣が認めて、いわゆる大学自治が確立するということになりました。第一次世界大戦は一九一八年一一月一一日に終結しますが、その前に、ロシアでは一九一七年一〇月に社会主義革命が勃発します。

日本国内では大正デモクラシーの波が盛り上がっており、一九一八年夏に起こったいわゆる「米騒動」を画期に、日本の勤労人民は労働組合運動を先頭にして「組織化の時代」に入ったのでした。学生運動も東大の新人会、早稲田の建設同盟者、学者・知識人では吉野作造らの黎明会などが生まれました。河上も友愛会京都支部や大阪連合会などと接触を始め、また京大の学生が中心となって労働者との協働を行う「労学会」とも協力を始めます。

こうしたなかで、河上は『社会問題研究』という個人雑誌を一九一九年一月から発刊することになります。これは毎月あるいは隔月に一回ずつ号を追って発行するもので、一九三〇年までに一〇六冊を発行しました。創刊から四か月後には二万部を発売するまでになっていました。最盛期には四万部の読者を持つにいたりました。ここに、後に単行本としてまとめられる『資本主義経済学の史的発展』などの力作が発表されていったのです。

ところが間もなく、河上のこの本は身近な後輩から厳しい批判にさらされます。一九二四年七月の『改造』に友人の櫛田民蔵が「社会主義は闇に面するか光に面するか」という論文を掲載しました。櫛田民蔵は、河上が京都大学の講師となった時の最初の学生であり、年齢は六歳しか離れていない人でした。櫛田の論文は「如何《いか》なる思想も人間の発明ではなく、社会生活の必然から生まれるものであるから、経済思想も経済の必然より生ずる一定の階級意識の現れとして取り扱われなくてはならぬ。経済学史は経済史実と照応して始めて理解せられるべきものであるは勿論《もちろん》、常に各時代の階級闘争の事実を前提して説明せらるるか、……如何《いか》にそれらの学説がその時代の階級意識の現れであり、またそれの発展であるかを明らかにすべきものである」というのがその趣旨でした。

河上はこの批判を正面から受け止めて、櫛田の意見はもっともであるという結論に達します。ここから河上は史的唯物論など経済学の基礎となる哲学を深めるべく、猛勉強を始めます。

3　新しい学問への道

この頃また、河上に対する厳しい批判者が現れます。福本和夫です。

福本和夫は山口高等商業学校の教授としてドイツに留学し、一九二四年に帰国すると東京に居を移し、当時生まれたての日本共産党の理論機関誌の役割を果たしていた『マルクス主義』誌上に盛んに論文を発表していました。その文体とテーマの新鮮さで左翼文壇に一種の旋風を巻き起こし、とりわけ学生・青年たちに影響を与え、「福本イズム」という呼び名が生まれていました。彼はマルクスやレーニンの文章を引用しながら、これまでの日本の左翼陣営には方法論についての認識が欠けていたと指摘し、また党組織の独自の意義について理解する必要があると主張しました。特にそれまでわが国のマルクス主義運動の長老として一定の尊敬を得ていた明治期以来の社会主義者である山川均を「折衷主義」として批判するとともに、河上肇のマルクス主義理解には弁証法的唯物論の基礎が欠けているという批判を加えたのでした。

このような批判を受けて、河上は経済学の基礎をなす哲学の研究に本格的に取り組むことになります。彼の個人雑誌『社会問題研究』に次つぎに唯物論哲学についての研究を発表していきます。それらの唯物論哲学の論文は「唯物史観に関する自己清算」(『社会問題研究』の第七七冊から第八八冊までのうち第八四、八六冊を除く一〇冊)と題されています。ここには当時の河上肇の懸命の努力の跡が見て取れます。

その前後、哲学の研鑽の必要を痛感していた河上は、京大文学部哲学科の主任教授である西田幾多郎の講義を聴講しに通ったという事実があります。そして、西田から彼の弟子であり、当時は第三高等学校の教授であった三木清を紹介されて、三木とともに『ドイツ・イデオロギー』の研究会を行ったと言われています。当時、三木清はドイツ留学から帰国して、最新の解釈学的人間学とともに、ドイツ社会民主党の進出を背景としたマルクス主義を紹介し、注目されていた若手哲学者でした。彼は、一九二六年にリャザノフによって初めて編集・公刊された『ドイツ・イデオロギー』を岩波文庫に取録するべく翻譯中でした。

「唯物史観に関する自己清算」は『社会問題研究』のうち一〇冊ですが、その第一冊と第二冊と第三冊とには、三木清の解釈学的人間学の影響が見られます。例えば人間の歴史観を規定するものは「関心」であるとか、「史的唯物論は現代資本主義社会おける不安の産物」即ち「現代の基礎体験」にもとづく「自覚の産物」などという三木的表現が見られます。しかし第四冊以後ではこのような三木的な表現は見られなくなります。

第三冊と第四冊との間で、河上がそれまでまだ読んでいなかった、レーニンの『唯物論と経験批判論』を手に入れたことが重要であると思われます。第四冊以後この書物からの引用が行われています。河上はレーニンとエンゲルスに従って、唯物論と観念論とを区別する基本的見地を、思惟に対する存在の第一次性の問題においています。言うまでもなく、これは唯物論の基本的原則です。このようにして河上は唯物論の大原則を確立したのです。

このことと関連して河上はフォイエルバッハの哲学が果たした役割を重視して、マルクスやエンゲルスらはフォイエルバッハの唯物論を基礎にして、議論を組み立てているので、彼らは単に「物事を有りのままに見る」という単純な実証主義に堕することなく、「存在の第一次性」という唯物論の大原則を貫くことができているという評価をしています。

さらに河上は、唯物論と感覚主義的実証主義（観念論）との区別を、別の個所で次のようにも書いています。

「同じく感覚から出発しても、その感覚の源泉としての客観的実在を認むるか否かによって、唯物論と観念論との対立的傾向がそこから生まれてくるのである。すなわち、われわれがもし外物を以て、われわれの感覚の外に、それから独立に存在しているものとなし、従って感覚の源泉は我々の外界に存在する外界からの刺激に在るとなせば吾々は唯物論者であるが、これと異なり、同じく感覚から出発しても、その感覚以外に、これが源泉としての客観的な存在を認めず、逆に外物を吾々の感覚に依存するものとなせば、吾々は唯物論を転倒したる観念論者となるのである」。

これなどは、実証主義的感覚論に対する明確な批判です。このようにして、河上は感覚主義を克服して確固とした唯物論に到達しているということが言えると思われます。

さらにこの「自己清算」において注目されるのは、初期マルクスのいわゆる「フォイエルバッハ・テーゼ」についての理解を深め、唯物史観の理解において、自然と社会が「意識から独立」であるということと、「実践から独立」であるということを区別して理解することが確立されていることです。彼は、第一テーゼと第三テーゼを引用したうえで、「唯物論の人間社会への拡張、環境と人間との弁証法的関連の把握、人間社会の歴史をその『自己運動』または『自己変動』と把握すること、これがマルクスの問題としていることである」としていることは注目されるべきことです。後に『資本論入門』においても、「社会の運動が『自然法則』に従う『自然史的過程』であるということは、それが人間の意識から独立しているということを意味するのであって、それが人間の行為（意識的活動）から独立しているということを意味するのではない」という唯物史観の正当な理解が可能となったと言えるでしょう。今日でも「意識からの独立」ということと「実践からの独立」ということが混同された議論がしばしば登場することからも、ここでの河上の指摘は重要であると思われます。

以上のように、河上肇は唯物論哲学についての研究を深めつつ、福本イズムの欠陥についても批判を進めていきます。福本が唯物弁証法を繰り返し強調し、河上のマルクス経済学にはそれが欠けていると批判している問題を検討し、実はその福本も弁証法理解が一面的で不十分であると指摘しています。福本は、唯物弁証法とは事物を「媒介性」「生成」「全体性」において考察することだとたびたび主張していますが、それだけであるとして、河上はレーニンに依拠しつつ次のように述べています。「一切の世界の進行を、自己運動において、自己的発展において、生ける実在において、把握するための認識の条件は、それらを対立物の統一として認識することであり、そこに弁証法の本質が横たわる。……弁証法は事物の進行をかかる対立物の闘争としての自己運動において把握するが故に、その進行は他に依存するものとしてではなく、それ自身に動因をもつものとして、初めて根本的に理解される」。このような記述も大層重要な指摘と思われます。

ところで、「福本イズム」なるものは、運動のなかで克服されていくのですが、どのような経過であったのかをここで触れておきたいと思います。

日本の労働者階級は一九二二年七月にコミンテルンの指導と支援の下で、日本共産党を組織しました。党は「大衆の中へ」および「政治闘争へ」というスローガンを打ち出しました。これは初代委員長の山川均の名による「無産階級運動の方向転換」という論文のなかで発表したものでした。この論文の主旨は、これまでの無産階級運動が大衆から離れ、少数精鋭分子の運動であったから、これからは大衆のなかに再び引き返さねばならないということです。つまり、大衆の当面の要求に妥協し、日常闘争に取り組まなければならないというもので、党の組織については何も述べていない日和見主義的なものでした。これは当時、「山川主義」と呼ばれたもので、日本的形態をとった合法主義と清算主義（解党主義）であり、そのプチブル的な本質が現れたものでした。運動のその後の発展は、山川主義の誤りを明らかにして労働者階級の前衛党の新たな指導理論を要求しました。ここに福本理論が登場したのです。福本は山川主義が日和見主義的で、組合主義的であるとし、「結合する前に、先ず、きれいに分離しなければならない」として、「まず、マルクス的要素を分離し結合しなければならぬ、第二に、この原則を戦いとるための闘争は当分理論的闘争の範囲に制限せられざるを得ないであろう」というものでした。この「分離結合論」と「理論闘争主義」とが一時影響をもったのでした。しかしこれは極端に大衆闘争と日常闘争を軽視するもので、次第に疑問が広がり、正しい方針が求められるようになりました。こういうなかで、一九二七年コミンテルンが採択した「日本に関するテーゼ」（いわゆる二七年テーゼ）によって、山川主義と福本主義との双方の誤りが指摘され、両者の誤りは急速に克服されていきました。

生まれたばかりの日本共産党は、治安維持法下の厳しい情況の下で、右翼日和見主義と左翼日和見主義の双方と戦い抜き、統一と団結とを勝ち取って行きます。これと同じ時期に河上肇も自身の経済学の人道主義的な傾向から抜け出して、科学的社会主義の経済学へと「自己清算」を成し遂げていったのでした。こうして、『マルクス主義経済学の基礎理論』（一九二九年）、『第二貧乏物語』（一九三〇年）、『資本論入門』（一九三二年）などの重要な著作を刊行したのです。

4　理論から実践へ

河上肇が科学的社会主義者に転化しつつあった一九二七年から一九二八年にかけて、河上の身辺も、急に慌ただしくなってきました。

昭和初年の世界情勢は第一次世界大戦勃発から、ロシア社会主義革命と続き、日本国内でも米騒動や関東大震災などもあり、騒然としたなかで、社会運動も活発化しようとしていました。時の政府もこれを黙って見過ごすわけがなく、一九二八年の三・一五事件、続いて一九二九年の四・一六事件などの弾圧を繰り返し、治安維持法の最高刑に死刑を課す改悪を加えるなど、情勢は極めて厳しいものがありました。

一九二八年にわが国で初めての普通選挙が行われることになり、労働農民党から大山郁夫が香川県から立候補しました。これを応援するために河上は初めて応援演説に出かけました。大学のなかでも学生たちの運動が高まり、社会科学研究会が全国で続々つくられ、一九二四年には「全日本学生社会科学連合会」（学連）という全国組織が生まれました。京大では、この研究会を認めるのに顧問教授を必要としていたため、河上肇は総長に依頼されて顧問になっていました。しかし、政府・文部省はこの学連を禁止する通達を出し、これの弾圧を強めるとともに顧問教授たる河上肇の責任を問うという動きに出ます。

河上肇は断固これとたたかうという意思を示していました。しかし一九二五年暮れから翌年にかけて京大生を中心とした三八名が治安維持法違反で逮捕され起訴されるという事件が起こりました。文部省は各大学に対して検挙学生の処分、社研の解散、そして左傾教授の処分という厳しい方針を取ることを要求しました。

一九二八年四月一六日午後、河上の自宅に大学からの呼び出しの電話がかかり、荒木総長と会見した河上は、文部省が彼の辞職を要求していることを伝えられました。彼は「そうゆう理由なら、辞職できない」と即答して帰宅したのですが、帰宅した彼を法学部の佐々木惣一と末川博の二人が待っていて、経済学部教授会がその日午前中に既に河上肇の辞職勧告の決議をしていることを知らせました。その事実を知った河上は即座に辞職を決意したということです。「大学の一員として、大学の自治のため、私は総長及び自らの属する学部の意思を尊重すべきであると認めたので、即日辞意を決するに至ったのである」。これが新聞記者団に発表した声明でした。いかにも河上らしい、淡々とした立ち居振る舞いであったというべきでしょう。こうして大学を去った河上は『資本論』の翻訳などを完成させたいと思っていたようですが、当時の社会情勢はそれを許しませんでした。

一九二八年暮れに労働者農民党創立大会が開かれます。これは三・一五事件の直後に解散させられた労働農民党に代わる組織として準備された無産政党でした。河上は自発的にこの大会への出席を決意して上京しました。大会二日目に祝辞を述べた彼は、たちまち「弁士中止」を命じられ、翌日幹部十数名とともに検挙されました。河上が留置場に入れられた最初の経験でした。

一九二九年三月五日に、旧労働農民党代議士の山本宣治が、東京神田の旅館で右翼暴力団員の黒田某に刺殺されるという事件が起こります。山本宣治は京都出身の生物学者でしたが、第一回普通選挙で無産政党から立候補し、他の無産党代議士七名とともに当選したのでした。労働農民党が解散を命じられた後も、少しも後退せず、活動を続けてきました。この日、彼は衆議院で治安維持法改正緊急勅令の事後承認案に反対する演説をする予定でした。しかし議会は発言の機会を与えぬまま議案を可決してしまいました。その夜の刺殺事件でした。河上は、山本宣治と特に深い交際があったわけではありませんが、旧知の間柄でした。河上は事件を聞くと直ちに上京し、本郷キリスト教青年会館で行われた告別式に参列しています。この事件は河上に大きな衝撃を与えました。

情勢はますます厳しくなり、単なる講演会ですら開催できなくなりました。河上は旧労農党の書記長の細迫兼光および旧委員長大山郁夫らと新党結成について相談したりもしましたが、当時の複雑な情勢が絡んで、共産党系の陣営から激しく反対が起こり、新党結成は成功しませんでした。河上は東京の西大久保の寓居で静かな学究生活に帰ったかの様子でしたが、それは長くは続きませんでした。そのころ共産党資金局から資金カンパを要請されるようになり、共産党との距離が近くなります。

一九三二年七月、河上は共産党の委嘱を受けて、コミンテルンの『日本における情勢と日本共産党の任務にかんするテーゼ』（三二年テーゼ）を翻訳しました。それは、中央機関紙『赤旗《せっき》』に発表されました。河上と共産党組織との関係が極めて近くなっていたことがわかります。八月一二日身を隠すようにという忠告によって、河上の地下生活が始まりました。その二日目の八月一三日に河上は共産党員に推薦され九月九日に正式に党籍を得たのでした。

その時に詠んだ歌が「辿《たど》りつきふりかえりみれば山川を越えては越えて来つるものかな」というあの有名な歌でした。

5　河上の獄中生活と晩年

（1）河上の逮捕

河上の地下生活もほんの数か月で終わりを告げることとなります。

生まれたばかりの日本共産党は、組織が脆弱で、中枢部にまでスパイが入りこんでいました。その密告によって、河上は一九三三年一月一二日に東京中野の隠れ家で検挙されます。検挙された河上は、ひとまず中野署に留置されて取り調べを受けた後、同月二七日から豊多摩刑務所に、そして六月二八日から市ヶ谷刑務所に収容され、ここで予審が行われました。治安維持法違反の罪名による第一回判決が八月一日に行われ、懲役五年の第一審判決が下されています。弁護士の勧めで一旦は控訴したものの、それを取り下げ、九月一五日に服役します。一〇月二〇日に小菅刑務所に移され、そこで三七年六月一五日の刑期満了までを過ごしています。三三年暮れに皇太子誕生による恩赦で刑期は短縮されています。実はこの恩赦とか仮釈放とかいうものが絶えず服役者の前にちらつかされており、河上もこのためしばしば動揺させられることになります。その間の事情は後に『自叙伝』の三巻と四巻で詳しく書かれていますから、ここでは簡略にして、学問的・思想的な問題にかかわる範囲に限りたいと思います。

まず予審の段階で、正式の公判は二～三年先のことと思い込まされていた河上は、予審判事から保釈のことをほのめかされ、「今後の生活方針」を尋ねられました。これに対して彼は、こちらの返答次第ではかねてから予審判事が漏らしていた保釈の可能性が現実化するかもしれないと考えて、次の文章を提出しました。

「受刑後の事は考えておりません。受刑以前にもし保釈の許可得ましたならば、私はぜひ『資本論』の翻訳を完成したいと考えております。『資本論』のドイツ語版は従来エンゲルス版とカウツキー版との二種ありましたが、今回モスコウのマルクス・エンゲルス研究所から校訂本が出版されることになっていまして、今後はそれが定本になるはずでありますが、私は右の研究所委員会の決議により、これが日本訳を委託されております。これが私の老後における最後の事業としてぜひ完成いたしたく存じているところでありますから、今後はそれに没頭いたしたく決心いたしております」。

ここには実に正直に河上の心情が吐露されています。しかし世間知らずといおうか、こんなことで予審判事が保釈を認めるわけがありません。実際運動ではなく、『資本論』の翻訳という純粋に学問的な仕事に専念したいということなのだから、許されるだろうという希望をもったようですが、当時の司法当局がそれを認めるわけがありませんでした。保釈をちらつかせるという常套手段を見抜けなかった世間知らずとも言えるでしょうが、当時の司法当局のやり口がここに現れています。

この保釈の可能性が薄れてくると、今度は執行猶予が期待されるようになりました。弁護士も執行猶予にこぎつけたいと努力していたこともあり、執行猶予に希望を託するようになります。

(2) 佐野学と鍋山貞親の転向と河上肇

そこへ新しい問題が起こります。日本共産党の幹部だった佐野学と鍋山貞親の転向問題です。「共同被告同志に與ふる書」なる声明が発表され、マスコミなどで大きく宣伝されました。「転向」というのは一九三〇年代に起こった特殊な思想現象で、社会主義者・共産主義者が厳しい弾圧・取調べを受ける過程で、自己のそれまでの思想的立場を捨てて、天皇制や侵略戦争を支持する立場に移っていった行為です。この佐野、鍋山の転向声明が与えた影響は大きく、多くの既決囚・未決囚が転向を上申したと言われます。

この佐野・鍋山の転向声明が出されたのは、河上肇の第一回の公判が予定されていた直前でした。この公判は突然延期され、河上は市ヶ谷刑務所に移され、その翌翌日に検事の呼び出しを受けて転向問題が切り出されました。検事は次のようにいったと言われています。

「マルクス主義も日本ではこれでおしまいでしょうよ。佐野らが自己批判した分厚な意見書ももう出来上がっています。これはだれにでも見せるというわけにはいかんが、何なら特別にお見せしてもいい。どうですね、それよりもまずこのさいあの人たちに一度会って見られたら。会われる気があればいつでも私のほうで手続きをしてあげますが」。

実に言葉巧みに誘っています。河上は「私はもう政治運動からすっかり手を引く決心をしていますし、今後については一切口を出すまいと思っているところですから、もうそんなものは見たいとも思いませんし、佐野君らに会いたくもありません」と答えて断っています。ここに河上の優れた面が現れています。

しかし検事たちは何らかの転向声明を書かせようと、さまざまな手を使って誘惑しました。『獄中独語』なる文章が『改造』に載ります。これは世間でいう転向を認めたものではありませんが、「私は今後実際運動とは――合法的たると非合法のものたるとを問わず――全く関係を断ち、元の書斎に隠居するであろう」という趣旨でしたから、これは第一の退却でした。しかし、この直後の第一回公判での検事の求刑は、懲役七年でした。そこで河上は『獄中独語』のようなものではなく、「宗教論」を書こうという決心をしたのでした。「どう間違っても、佐野たちの仲間入りをするつもりはないが、何も書かなければ仮釈放の見込みはない」と考えて選んだのが宗教論でした。「レーニンが言っているように坊主主義は疑いもなく一つの無駄花である。しかしどんな無駄花でも根はある、それは生き生きとした、実りある、力に満ちた、客観的な、人間の認識の活きた樹に咲き出た一つの無駄花なのである。今までの反宗教論には、こうした点の説明が欠けている。俺は一つそこを書いてみよう。これなら現在の日本に行われているマルクス主義者たちの反宗教論を批判する形にもなり、いわば同士討ちの体裁になるから、少しはその筋のお気に入るかもしれない。しかしこれだけの仕事なら、俺は自分の学問的良心を曲げないですむ」。これが当時の河上の心境でした。それは普通の経済学者とは異なり、若い日の無我苑の体験、利己心と利他心との一致など、深い体験を持つ河上ならではの発想でした。科学と宗教との関係、およびその両立についてさまざまに考えてきた自分にはそれができると考えていたと思われます。

しかし、これは危険な心身二元論への退却の可能性を帯びたものでした。河上が所長に宗教論の執筆を約束した翌日、秀夫人が面会に来ました。ちょうど刑期の三分の一を経過した日でした。二人の会話が残っています。

河上が「仮釈放の餌でさんざん釣っておいて、いざという時に問題を出し、人の弱みに付け込もうとしてるんだちゅうこたあ、ようわかっとるが、弱い人間じゃから、どうしても振り切るだけの決心がつかん。はいってみないとてもわからんが、こうしてると出たくて出たくて仕方がないもんなんだ」と言うと、秀夫人は「私からこんなことを申し上げるのは本当につらいんですが、私はあなたがそうゆうお気持ちにおなりにならなければいいがと、とうからそればかり心配していましたの。昨年市ヶ谷でお書きになりました『独語』、ありゃ仕方のないことだったし、他人が何といってもあれだけのことをお書きになったには差し支えなかったんだろうと存じますが、あれより進んだものをお書きになるのはどうも心配でしょうがありません。……平気で無期の宣告を受けて網走などへ送られてる方もあるんですもの。お幸せなことに、あなたは恩赦にもおかかりになったんですもの、まるまるお勤めになっても、あともう三年足らずのご辛抱です。そりぁお辛いこととは重々お察しいたしますが、それかって無理をしてお出になると、折角出ていらしても、あとできっと後悔なさるに決まっています。私はそれをいちばん心配いたします」。これは実に情理を尽くした意見であり、説得であった。河上はうんうん分かっているといいながら、内心の動揺を見すかされ、急所を突かれた気がして、やがて覚悟が決まりました。「この時を限りにお情けにあずかろうという助平根性をきれいに洗い捨ててしまった」とも書いています。

このような経過がありましたが、所長との約束に従って、三五年四月に「宗教とマルクス主義」、六月に「宗教的真理について」、三七年三月に『獄中贅語《ぜいご》』を書いています。

一九三三年八月一日「赤旗」は河上肇の除名を発表しています。佐野・鍋山のような反共主義への転落という明確な形を取らずに、実際運動はやらないと声明して、革命運動から離れる道を人びとに教えるという役割を果たすものでしたから、当時としては当然のことでした。

しかし、日本共産党は一九七九年の河上肇生誕一〇〇年の講演会を開き、小林栄三常任幹部会委員が党を代表して「河上肇と日本共産党」と題する講演を行いました。そのなかで、「河上肇の『獄中独語』は科学的社会主義と日本共産党を公然と攻撃・破壊する側に回った佐野・鍋山らの転向声明とは大きく異なる文章であり、むしろ自己の挫折と没落と敗北の宣言であり、またマルクス主義の正しさへの学問的信念を放棄するつもりのないことを述べています。しかし、やはり、それは天皇制権力への一つの降伏であり、一つの変節でありました。……同時に何よりも糾弾されなければならないのが、河上肇を含め共産党員をその思想を理由にとらえ、前近代的な、処遇劣悪な刑務所に長期に投獄し、極刑で脅迫し、あるいは保釈や執行猶予や仮釈放等をちらつかせて誘惑し、人間の思想と良心とを乱暴にひっかきまわして屈服させようとした天皇制権力であることは言うまでもないところです」と述べています。この側面も忘れてはならないことでしょう。

(3) 晩年の河上

一九三七年六月一五日、河上肇はいよいよ満期釈放の時を迎えます。

この後、三八年一〇月に中野区氷川町に移り、四一年一二月には住み慣れた京都に居を移します。情勢は日ごとに険悪となり、三七年七月七日には盧溝橋事件が起こり、日中全面戦争が始まります。河上が京都に戻る直前の四一年一二月八日には太平洋戦争が始まりました。左翼の文化人は労農派等も相次いで検挙され、戸坂潤たちが最後の抵抗拠点として結成していた唯物論研究会も解散を命じられるような情勢でした。河上肇もすべての発表機会がなくなり、「閉戸閑人」と称して、余生を送るしかなかったのでした。彼はもっぱら既に獄中から始めていた『自叙伝』の執筆と、中国の詩人についての『陸放翁鑑賞』などの著作に日々を送る年金者生活でした。そういうと悠々自適の生活のようですが、戦時下食料配給も乏しく、病に苦しむ厳しい生活でした。

河上肇は日本の敗戦をどのように迎えたのでしょうか。後に秀夫人が次のように語っています。「終戦の時でございますが、今日は陛下の重大放送があるというので、わたくしが『みな死んでくれ』とおっしゃるのではないかと申しますと、言下に『そんなことはない。手を挙げるんじゃ』と非常にはっきりそう申しました」。

この日河上肇が詠んだ短歌が残されています。

「あなうれしとにもかくにも生き延びて戦いやめるけふの日にあふ」

「いざわれも病の床をはいいでて晴れ行く空の光仰がむ」

敗戦翌年一九四六年一月一七日の『アカハタ』に意気高い詩を寄せています。

「われもし十年若かりせば

非才われもまた

筆を提《さ》げ身を挺して

同士諸君の驥尾《きび》に附し

澎湃《ほうはい》たる人民革命の

滔天《とうてん》の波を攀《はん》じて

共に風雲を叱咤《しった》せんに」

これが河上肇の最後の作品となりました。

一九四六年一月三〇日午前四時五三分、河上肇は積年の栄養失調に肺炎を併発してこの世を去りました。

補論　河上肇と西田幾多郎、三木清

(1) 河上肇と西田幾多郎、三木清との関係について

この三人の間に接触があったということは、第一〇章で触れました。河上は京都大学の経済学部の教授であり、西田は文学部の教授でしたから、接触があったのは当然とも思われそうですが、少し考えてみると不思議な点があります。河上はマルクス経済学者で、当然唯物論者ですが、西田は観念論者であり、後に彼の弟子たちを含めて京都学派と言われて、弟子たちはアジア太平洋戦争に積極的に協力したことが知られています。こう考えてくると、この両者は接触があったとしても、少なくとも敵対的な接触に違いないと想像されます。実際はどうであったのか調べてみる必要がありそうです。また、三木清は西田の忠実な弟子でしたが、民主主義者であり平和主義者で、戦時中には同窓の戸坂潤に協力し、治安維持法違反で逮捕されていますから、その関係は複雑ですが、詳しく調べてみるに値するでしょう。

このようなことを河上肇記念会総会で発言したところ、後日、桜田忠衛氏（京都大学経済学部講師、図書室主任）から若干の資料の存在を示唆して頂いきました。先ずはそれを以下に記しておきます。

① 蜷川虎三「河上肇を語る」『河上肇全集』続四巻、月報三四、一九八五年一〇月
② 船山信一「河上肇と日本近代哲学」『河上肇全集』第一〇巻、月報一〇、一九八二年一〇月

③　船山信一「河上肇と日本近代哲学者たちとの交渉」『河上肇全集』第二七巻、月報二七、一九八四年七月
④　蜷川虎三「蜷川さん大いに語る――統計学の勉強から地方自治の革新へ」『経済』一九七四年四月
⑤　京都大学経済学部『思い出草』「蜷川虎三の巻」、一九六八年七月
⑥　同「石川興二の巻」
⑦　細野武男・吉村康『蜷川虎三の生涯』三省堂、一九八二年二月
⑧　石川興二「西田哲学と経済学」下村寅太郎編『西田幾多郎――同時代の記録』岩波書店、一九七一年
⑨　細川元雄「京都大学時代の河上肇」『経済論叢』第一二四巻第五号・六号、河上肇生誕一〇〇年記念号、一九七七年一一月

西田幾多郎
(1870 ～ 1945)

三木　清
(1897 ～ 1945)

（2）河上肇と西田幾多郎との関係

西田は明治三〇年（一八九七年）九月から明治三二年（一八九九年）七月まで山口高等学校のドイツ語の教師をしており、河上は明治二六年（一八九三年）九月から明治三一年（一八九八年）七月まで同校の学生でしたから、面識があったと思われます。ただし、河上が西田からドイツ語を教えられたかどうかは不明です。しかし次の事情を考えると面識があったのは間違いないと思われます。

河上肇は明治四一年（一九〇八年）八月に京都帝国大学講師になり、同四二年（一九〇九年）七月に同助教授になっていますが、明治四四年（一九一一年）五月一四日に戸田海市とともに西田を訪問しています。戸田は第四高等学校時代に西田の同僚であり、すでに京都帝国大学の法学部の教授となっていた人物でした。その後同年六月五日にも二人は西田を訪問し、九月一九日には西田が河上を訪問しています。九月二四日と一〇月二九日には河上が西田を訪問し、一一月一八日には西田が訪ねてきた河上にジンメルの著書を貸しています。このような記録が残っていることからも、河上と西田がかなり以前からの旧知の間柄であったことが推定できるでしょう。

（3）「経済学読書会」のこと

そのころ（明治から大正にかけて）京都大学では文科大学および法科大学教官を中心に学外他大学の学者、実業界などの専門家の参加した「経済学読書会」というものがつくられており、第一回の一九一二年一一月三〇日から、一九一五年五月一六日の第一九回まで開かれていました。その後は経済学部が独立したので、経済学部の例会として開かれてきました。この「経済学読書会」にもちろん河上肇も参加し、発表もしていますが、ここに西田幾多郎も参加して、「認識論におけるリッケルトの説」という発表をしている記録があります。これはあまり知られていないことですが、注目されることです。

同時に、明治末年から大正初めごろの京大文科大学と法科大学の雰囲気がよくわかる事柄です。あるいはそれに続く大正デモクラシーの雰囲気を示すものとも言えましょう。当時の若手の学者たちの自由でリベラルな雰囲気を見る思いです。そういう雰囲気のなかに河上肇と西田幾多郎がいたということは、後の歴史の展開を思うとさまざまな感慨がわくというものです。

この読書会における発表者とテーマを資料⑨により記しておきます。

第一回、一九一二年（大正元年）一一月三〇日、高田保馬「Soda, Die logische Natur der Wirtschaftsgesetzte」（左右田「経済法則の論理的性格」）

第二回、一九一二年（大正元年）一二月一五日、西田幾多郎「認識論におけるリッケルトの説」

第三回、一九一三年（大正二年）二月一四日、田島錦治「旅行記」、小川郷太郎「唯物史観の反対論に対するロリア氏の弁駁」

第四回、一九一三年（大正二年）三月九日、神戸正雄「貨幣論」

第五回、一九一三年（大正二年）三月一六日、米田庄太郎「ロオリアの進化論観」

第六回、一九一三年（大正二年）四月二〇日、山本美越乃「水産資本について」

第七回、一九一三年（大正二年）五月四日、河上肇「物価騰貴の原因としての信用膨張」

第八回、一九一三年（大正二年）五月二四日、浮田和民「日米問題」

第九回、一九一三年（大正二年）六月八日、河上肇「Fischer 氏の貨幣数量説に対する批評」
第一〇回、一九一三年（大正二年）一〇月一二日、戸田海市「世界の金産額と物価との関係」
第一一回、一九一三年（大正二年）一一月一六日、神戸正雄「国富統計」
第一二回、一九一三年（大正二年）一二月一四日、本庄栄二郎「西陣織の値入れ取引」、石坂音四郎「頼母子講」
第一三回、一九一四年（大正三年）五月三日、高田保馬「社会法則の性質」
第一四回、一九一四年（大正三年）六月二一日、内藤虎次郎「支那銀貨の沿革」
第一五回、一九一四年（大正三年）九月一九日、米田庄太郎「戦争について」
第一六回、一九一四年（大正三年）一二月一三日、戸田海市「米価暴落の応急策」
第一七回、一九一五年（大正四年）一月三一日、小川郷太郎「蚕糸業について」
第一八回、一九一五年（大正四年）三月七日、神戸正雄「研究所について」
第一九回、一九一五年（大正四年）五月一六日、河上肇「人種問題」

（4）学生の社会科学研究会と西田幾多郎との関係

一九二六年（大正一五年）五月六日には京都大学社会科学研究会の主宰で「マルクス祭」が開催され、ここで西田幾多郎は「ヘーゲルの弁証法」という講演をしています。これなどもちょっと意外なことです。この社会科学研究会というのは、その頃すでに左翼学生の団体であるということは、大学当局も承知で、この団体を公認するには顧問教授が必要であるとして、荒木学長から河上肇に対して、顧問を引き受けるように依頼があったということで、これは先にも触れたところです。そのような曰く付きの団体の「マルクス祭」という催しに西田が講師として講演していたというのは、その後の歴史の展開を思い起こすとかなり意外なことです。ちなみに五月五日はマルクスの誕生日です。学生たちは、マルクスを学ぶにあたってはヘーゲルを学ぶ必要があるということを考えていたということも、興味ある所です（ヘーゲル弁証法なら、当局からも睨まれないし、西田教授も話しやすいだろうという配慮かもしれません）。

この「マルクス祭」の講演会には三木清も出席したという記録もあります。この頃、西田は河上に頼まれて、京都大学社会科学研究会のヘーゲル弁証法の講師に三木清を推薦しています。河上肇と西田幾多郎と三木清との密接な関係がうかがえます。

（5）「経済学批判会」のこと

一九二五年（大正一四年）頃、河上肇の発案で、本格的なマルクスの研究会をやろうということになり、河上肇、三木清、石川興二、蜷川虎三、谷口吉彦、八木秀之助、佐々木惣一、滝川幸辰、牧健二、末川博、田村徳治らが集まり、マルクス『経済学批判』「序説」やレーニン『唯物論と経験批判論』のドイツ語版を読んだという記憶が蜷川虎三によって語られています。これは実に自由で活発な研究会であったということです。この時期は、三木清が『ドイツ・イデオロギー』を翻訳しており、河上肇が『社会問題研究』で「唯物史観における自己清算」を書いていたころです。当時の京都大学経済学部の雰囲気がよく分かります。

第一一章　唯物論研究会の活動

1　唯物論研究会の発足とその意義

「唯物論研究会」は一九三二年に発足しました。この年は、対外的には日本軍国主義者が上海で侵略戦争を開始し（いわゆる上海事変）、「満州国」建国を宣言した年であり、国内では五・一五事件が起き、プロレタリア文化運動への大弾圧が行われた年でもありました。すでに日本共産党をはじめ革新政党や労働組合などは治安維持法により弾圧し尽くされていました。他方で、政府は国民精神文化研究所を設置するなど、非合理主義的な「日本精神主義」の推奨を行い、思想統制を強化した年でもありました。ドイツでは、ヒトラーのナチスが第一党になり、世界的にもファシズムの脅威が迫りつつありました。

日本でもまた、軍国主義への傾向が強まり、侵略的な帝国主義戦争に向かって突き進みつつありました。このような情勢の下で、多くの進歩的でリベラルな学者・研究者・知識人を結集して発足した「唯物論研究会」（唯研）は、反動的な潮流に対する最後の抵抗線という性格をもっていました。

唯研は、これまでのプロレタリア文化運動の諸団体とは違って、「研究会」と名乗って、合法的に活動できるように慎重に組織され、公然と機関誌も出版できるように工夫されていました。唯研は治安維持法体制のもとでのユニークな学術文化団体でした。

戸坂潤、岡邦雄、三枝博音《ひろと》、服部之総《しそう》、本多謙三らが中心となり、長谷川如是閑《によぜかん》、小倉金之助の賛同を得て、準備されてきた「唯物論研究会」の創立総会が、一九三二年一〇月二三日に約五〇名の参加で開催されました。会長は長谷川如是閑、事務長は岡邦雄（翌年の第二回総会から事務長は戸坂潤）、幹事は一七名で次のように記録されています。

小泉丹《まこと》（生物学）、長谷川如是閑（社会評論）、小倉金之助（数学）、本多謙三（哲学）、三枝博音（哲学）、富山小太郎（物理学）、丘英通（生物学）、服部之総（歴史学）、斎藤晌（哲学）、戸坂潤（哲学）、岡邦雄（科学史）、内田昇三（生物学）、石井友幸（生物学）、並河亮（社会学）、清水幾太郎（社会学）、羽仁五郎（歴史学）、林達夫（哲学）。

これらの役員以外で、その後に活躍することになる参加者は、永田広志（哲学）、加藤正（哲学）、古在由重（哲学）、真下信一（哲学）、甘粕〔見田〕石介（哲学）、船山信一（哲学）、梯明秀（哲学）、伊豆公夫（文学）、三木清（哲学）らです。その後の活躍を見ても錚々たる顔ぶれです。

機関誌『唯物論研究』（月刊）創刊号は三二年一一月に出版されています。巻頭に長谷川如是閑の「唯物論研究会の創立について」のほか、戸坂潤「社会における自然科学の役割」、三枝博音「新唯物論の立場」、岡邦雄「科学と技術との計画的結合」などのほか、座談会「狩野博士に訊く」も掲載しています。

狩野博士とは、狩野亨吉のことです。彼は第一高等学校校長（現在の東京大学の教養学部）や、京都帝国大学文科大学学長（現在の京都大学の文学部長）などを歴任し、当時は六七歳でした。現役は引退していましたが、江戸時代の思想史、特に自然科学史の開拓者で、江戸時代の唯物論者・安藤昌益の遺著の発見者・紹介者でもあるというユニークな学者でした。こういう学者も含めて唯物論研究会は極めて幅広い学者・研究者を結集した団体としてスタートしたのでした。

「唯物論研究会」は、研究会ですから、唯物論者だけの集まりではなく、唯物論に関心をもち研究しようとする人びとを広く含んでいました。規約第一条に「現実的諸課題より遊離することなく、自然科学、社会科学および哲学における唯物論を研究し、かつ啓蒙に資するを目的とす」とあるように、あくまで唯物論の研究と啓蒙のための団体として発足したのでした。これは当時の情勢からして止むを得ずこのような形になったということですが、しかしこれは当時の日本軍国主義・ファシズムとの思想的戦いにおいて、極めて独創的でユニークな組織形態であったと言うべきでしょう。

長谷川如是閑の「創刊の辞」にも「純学問的協同の組織」、「唯物論の研究と啓蒙」の団体であると書かれています。他の民主団体が弾圧により解体あるいは活動停止にいたるもとで、唯物論研究会は次第に唯物論者だけの団体に狭まっていかざるを得ませんでした。それでも、月刊雑誌『唯物論研究』（全六五冊。弾圧を受けて以後『学芸』と解題し八冊）を刊行し続けたほか、『唯物論全書』の刊行を企画し、一九三五年には第一期一八冊、一九三六年には第二期一八冊、一九三六年には第三期一四冊、合計五〇冊を出版しました。その後、さまざまに取り締まりが厳しくなり、『三笠文庫』と名を変えて一九三八年から三九年にかけて一六冊が出版されました（最近、刊行された、関西勤労者教育協会・戦前の出版物を保存する会編『「唯物論全書」総目録（解説付）』二〇二一年には、「唯物論全書」全巻の解説を収めています）。

これらの出版物は、「日本における唯物論の綜合的な、しかも百科全書的な体系を初めて樹立したもの」（岩崎允胤『日本におけるマルクス主義哲学史序説』）と言いうる優れた仕事であり、国際的に比較しても当時としては極めて高い水準のものでした。これが、敗戦後の日本の民主勢力にとっても優れた理論的遺産となったのです。

このような「唯物論研究会」の活発な活動を、国家権力が許しておくはずはなく、次第に弾圧を強めました。陰に陽に加えられた圧力により、すでに一九三三年に非マルクス主義的な会員のなかで、創立時の参加者のうち、長谷川如是閑、小泉丹、寺田寅彦らが退会し、三四年になると本多謙三、三木清、斎藤晌、清水幾多郎などの人びとが離れていきました。

一九三八年二月、何人もの中心メンバーが検挙されたりするなか、戸坂潤が執筆禁止の処分をうけます。ここにいたって『唯物論研究』は停刊せざるを得なくなります。その後、継誌して『学芸』が発刊されますが、国家権力はさらに弾圧を強めました。三八年一一月二九日早朝、唯物論研究会関係者の一斉検挙が行われ、戸坂潤、古在由重、森宏一、石原辰郎、伊豆公夫ら、唯研の幹事一三名、他に執筆者数名を含む合計三〇名前後が検挙されました。ここにいたって唯物論研究会は六年にわたる活動を停止せざるを得なくなりました。

2　戸坂潤、三木清の獄死など

(1) 戸坂潤の獄死

戸坂潤は、一九三八年一一月の検挙後、一年半も留置場に置かれ、四〇年五月に起訴され、一二月に保釈になりました。四一年一二月控訴審で懲役三年の実刑判決となり、さらに上告しました。しかし大審院は四四年三月に上告を棄却して懲役三年が確定しました。これによって戸坂は下獄し、翌四五年八月九日に長野刑務所で獄死しました。栄養失調と全身に広がった疥癬《かいせん》からくる急性腎臓炎が原因でした。この一九四五年八月九日は、日本がポツダム宣言を受諾して敗戦となるわずか六日前であり、長崎に原爆が投下され、ソ連が参戦した日でもあります。

戸坂は、下獄の際に「やがて戦争も済む。あと一年もたったら、また会おう」と友人に語っていましたが、何とも無念なことでした。それは本人にとってはもちろん、日本人民にとっても実に残念なことでした。

(2) 三木清の獄死

戸坂潤の獄死に続いて、三木清の獄死についてもここで触れておきます。三木は先にも触れたように、早期に唯研を離れた人物でした。彼は唯物論者ではなかったのですが、「人間学のマルクス的形態」(一九二七年) などの著作で、当時の学生や知識人にマルクス主義への関心を刺激していた、リベラルで進歩的な哲学者でした。彼が唯研を離れた後も、国家権力は彼を見逃さなかったのです。一九四五年三月二八日に彼は、知人の高倉テル（京大の同窓で、文学者、戦後の日本共産党の国会議員）が警察の留置場から逃走してきたおりに、一晩かくまったかどで逮捕されました。そして三木清は、一九四五年九月二六日、日本の無条件降伏から一か月半もたった日に、豊多摩刑務所で獄死させられました。死因は獄中の不衛生から来る皮膚病の悪化ですが、何とも無念なことでした。政府の無条件降伏は当然、戦争反対派（思想犯）の釈放に結びつくはずのものですが、日本政府はこれを怠たり、三木らを獄中に閉じ込めたままにしました。ようやく一〇月四日になって、三木の獄死が表面化して、対日占領軍が戦争批判派の釈放と言論・集会・政治活動の自由を保障するという声明を発布しました。それまで日本政府は思想犯（戦争批判派）を閉じ込めたままにしていました。日本人民は優れた哲学者の戸坂潤に続いて三木清をも奪われたのです。いずれも治安維持法が原因です。

（3）永田広志の場合

その他、獄死ではありませんが、投獄され、そのため健康を害し、保釈後に病死したという例も多々存在します。例えば永田広志の場合がその典型です。彼は一九三八年一一月二九日の唯研関係者の検挙の際に逮捕され、翌三九年東京拘置所に拘留中に、持病の腸結核が悪化し、衰弱甚だしく釈放となりましたが、裁判は四一年一二月第一審で懲役三年、四二年一二月第二審で懲役二年半、四三年に上告するも棄却されました。刑の執行は腸結核のため執行延期となります。四五年三月に郷里長野県山形村に戻り療養します。敗戦後、直ちに長野県で民主主義科学者協会などの活動を再開し、また活発な執筆活動を始めましたが、四六年暮れごろから永田の病は重くなり、四七年九月七日に他界しました。彼の場合は獄死ではありませんが、明らかに治安維持法による投獄が原因であり、いずれも治安維持法による犠牲者に違いありません。

3 唯物論研究会の理論活動

唯物論研究会の理論活動の特徴をここにいくらか述べておきたいと思います。会員個々人の理論的業績は次章で述べることにしますが、ここでは会全体として、いわば集団的に取り組まれた理論活動の特徴を述べます。

(1)「弁証法・論理学・認識論の同一性」の問題

この問題は当時のソ連における「マルクス・レーニン主義」の影響を受けての論争でもありました。レーニンは、認識論と論理学の関係、および認識論と弁証法との関係などを論じました。「唯物論研究会」発足の一九三〇年代初頭には、ソ連の科学アカデミーが活発な理論活動を開始しており、『マルクス・エンゲルス全集』などの編集が始まりました。『ドイツ・イデオロギー』や『経済学・哲学草稿』など、原稿のまま残されていた著作も続々と刊行されました。世界的にもマルクス主義哲学の理解が大いに前進しつつあった時期でした。この時期はソ連の文献が入ってきていた時期でした(間もなく、ソ連の文献は入って来なくなりますが)。これらを翻訳・紹介したのが「唯物論研究会」であり、その中心が永田広志でした。

永田は、ロシア革命の影響を受けて東京外国語学校（現在の東京外国語大学）のロシア語科で学び、ロシア語に堪能でした。当時はロシア語科があるのは東京外国語学校のほかは早稲田大学だけでした。

永田は、レーニンの著作をはじめロシア語の文献を次つぎに翻訳・紹介し、大いに活躍しました。今日、ソ連が崩壊した後に、スターリンの誤りやソ連の体制の実態が知られるなかで、ソ連の文献の翻訳・紹介者としての永田の仕事をソ連追随者の代表のように見て、否定的に評価する向きがありますが、これには賛同できません。永田をはじめ唯物論研究会の人びとは、単にソ連の受け売りをしたのではなく、マルクスの原点に戻って根本的な検討をしており、決してソ連の理論の直輸入ではありませんでした。永田にしてもロシア語ができただけでなく、英語はもちろんドイツ語もできて、マルクス・エンゲルスの原書に基づいて議論を展開しています。このことは彼らの著書・論文を見ればよくわかるところです（さらに言えば、当時としてはスターリン主義の誤りは表面化しておらず、むしろ当時としてはソ連の文献を翻訳・紹介することが必要な時期でした）。

この「弁証法・論理学・認識論の同一性」の問題の議論では、永田広志のほかに船山信一が活躍し、さら松村一人、真下信一、沼田秀郷、本多修郎、山田坂仁らもこれに参加しました。この論争を通じて、弁証法と反映論的認識論の理解が大いに進んだと言えましょう。その当時には弁証法が単なる方法論とのみ理解されていた傾きもありました。しかしそのような主観主義的な弁証法理解を改めて、物事の内的法則としての弁証法の理解を深め、同時に認識論をもこの弁証法と一体のものとしてとらえる理解が深化しました。こうして、いわゆる「認識論としての弁証法」が論じられました。

この論争は、一部の論者が言うような、ソ連型唯物論やレーニンの文言の引き写しではなく、当時の国際水準を凌駕する質の高い論争となっていたのです。

(2)「理論の党派性」に関する問題

これについては加藤正が問題提起をしました。彼は、「弁証法的唯物論には擁護すべきプロレタリア的党派性はない」と言い、弁証法的唯物論の客観的真理性のみを主張しました。これは「客観主義的偏向だ」という反論を引き起こしました。しかし加藤の主張は、一九三〇年代後半に流行した福本イズムや三木哲学に対するアンチテーゼとして提出されたという側面がありました。三木らに共通するのは、「弁証法的唯物論」は「プロレタリアートの基礎経験」に基づくというもので、この主張は「プロレタリアートの階級的自己意識の表現」であるとするルカーチの見解とも符合するものでした。加藤の議論はこのような主観主義的理解への批判を含んでいました。

この加藤の議論に対して、永田広志らのいわゆる「唯研主流派」が反論し、議論が大いに展開されました。ここでは議論の詳細には立ち入りませんが、この論争を通じて、「理論の科学性と党派性（階級性）」の統一の問題が深められたことは確かです。この議論なども当時のソ連などの理論水準を上回るものであったと言えるでしょう。

(3)「フォイエルバッハ第一テーゼ」の解釈をめぐる問題

この問題は、マルクスが「フォイエルバッハに関するテーゼ」の「第一テーゼ」で「従来のすべての唯物論の主要な欠陥は、対象、現実、感性が、客体または直観の形態の下にのみとらえられて、感性的、人間的活動、実践としてとらえられず、主体的にとらえられないことである」と述べていることをめぐる論争です。

大江精志朗は「マルクスは実践・生命が本体（主体）なのであって、客観・物質は現象であると考えていた」と主張していました。船山信一は、これを批判して、マルクスは決して唯物論と模写説を放棄したのではなく、マルクスの主張は、認識する主体の態度や観点が「実践的、主体的」でなければならないということであって、模写説を発展させたのだと述べました。それに対して、加藤正は、マルクスによる模写説の発展とは、自然のみならず「実践の領域」（歴史と社会における人間の活動）をも、「唯物論的に経験的に現実に即して認識すること」であり、そこが重要だと強調しました。このような論争を通してマルクスの唯物論への理解が深まっていったと言えましょう。

（4）日本の観念論哲学への批判

一九三四年ごろからは、西田哲学や田辺哲学、その他のブルジョア思想家の批判も活発に行われました。その中心は戸坂潤と古在由重でした。戸坂潤『日本イデオロギー論』（一九三五年）と古在由重『現代哲学』（一九三七年）は、以来八〇年以上を経た今日でも輝きを失わない記念碑的著作です。

戸坂は『日本イデオロギー』で、当時の日本における思想上の問題を、日本主義・自由主義・唯物論の対立においてとらえます。戸坂は「日本主義」を「日本型の一種のファシズム」と規定しました。また「自由主義」は、自由主義の立場を固執していても日本主義に移行しうるが、自由主義が唯物論に移行するためには、自由主義を徹底して、もはや自由主義ではないものにならなければならない。その意味で、自由主義は日本主義と唯物論との「公平な中間地帯」などではなく、唯物論の対立物である、と論じています。

戸坂は、高須芳次郎、紀平正美、安岡正篤、鹿子木員信《かのこぎかずのぶ》らの「日本精神主義」、橘芳三郎らの「日本農本主義」、松岡陽右、大川周明、北一輝らの「アジア主義・東洋主義」などを徹底的に批判します。続いて「日本倫理学と人間学」という章で和辻哲郎を、「『無の論理』は論理であるか」という章で西田幾多郎を、そして「全体の魔術」という章で高橋里美を批判していきます。これらの批判は極めて厳しいもので、今日でも大いに参考になるものです。

古在由重の『現代哲学』は、戸坂の著作の二年後に「唯物論全書」の一冊として出版されましたが、この間には「二・二六事件」（一九三六年）があり、「盧溝橋事件」（一九三七年）から日中戦争が勃発していました。こうして、戦争とファシズムの脅威はますます高まっていました。古在は、ドイツ古典哲学の検討から始めて、新カント派とマッハ主義を検討し、さらに新ヘーゲル主義や生の哲学などの非合理主義的な世界観の検討を行います。そしてファシズムの哲学が、哲学の科学性をいっさい否定して、その非合理性と攻撃性を強めていることを論じました。

(5) 宗教批判、無神論、芸術論など

唯物論研究会は、宗教論においても数かずの著書・論文を送り出しました。秋沢秋二『無神論』、秋沢秋二・永田広志共著『現代宗教批判講話』、佐木秋夫『宗教学説』、巌本勝『仏教論』などです。

芸術論についても、唯物論研究会はかなりの力を注いでいます。甘粕石介『芸術論』、本間唯一『文芸学』、武田武志（沼田秀郷）『芸術論』、岩崎昶《あきら》『映画論』、守田正義『音楽論』、などが唯物論全書として出版されています。

（6）歴史学、歴史方法論

唯物論研究会には多くの歴史家も参加しており、歴史学・歴史方法論についても多くの仕事がなされました。主要なものを唯物論全書のなかから紹介します。服部之総『歴史論』、鳥井博朗『明治思想史』、早川二郎『古代社会史』、渡部義通『日本古代社会』、梯明秀『社会起源論』、住谷悦治『近世社会史』などです。

（7）戦後に引き継がれたもの

唯物論研究会は、日本帝国主義の国家権力によって弾圧され、活動停止に追い込まれました。一九三八年一一月までの六年の活動でしたが、その活動の意義ははかり知れない重要性をもったものであったと言えるでしょう。民主主義的・平和主義的政治運動や労働運動がすべて弾圧され、活動を停止せざるをえない状況の下で、いわば最後の抵抗線として多くの学者・研究者・知識人を結集して六年も合法活動を継続しました。しかも日中全面戦争（一九三七年）が開始されてさらに一年後まで活動が続けられたことは驚異的なことです。

優れた学者・研究者・知識人たちが奮闘したことはもちろんですが、この会が出版する雑誌や書籍が滞りなく発行し続けられたのは、これらの印刷物を待ち受けてこれを購入し、支え、そしてこれを読み続けた多くの読者がいたということです。これらの読者に支えられてこそ唯物論研究会の活動は可能であったのです。そしてこれらの読者の多くは、敗戦後の日本の民主化運動の担い手になったと思われます。世界的にもまれにみるほど徹底的に惨酷な弾圧の直後に、わずか数年で一定の民主化をなし遂げることができた日本人民のエネルギーは、忍耐強く活動を続けた唯物論研究会によって準備された点が少なくなりません。事実、この時期の「唯物論全書」やそのほかの民主主義的・平和主義的文献は、敗戦後直ちに再刊されて、運動や学習の資料として活用されました。それが大きな力になったことは疑いありません。

第一二章　唯物論研究会の哲学者たち
——戸坂潤、永田広志、古在由重、船山信一、甘粕石介

1　戸坂潤

戸坂潤（一九〇〇〜一九四五）は、東京市神田区で生まれました。母が病弱だったので、乳母とともに母方の祖父母のもと（石川県羽咋《はくい》郡東増穂村）に預けられました。一九〇五年に東京に戻り、母とともに神田区錦町に居住しました。

一九〇七年に赤坂区の青南小学校に入学し、一九一三年には開成中学に入学しました。一九一八年に第一高等学校理科に入学し、数学を専攻します。一九二一年に京都帝国大学文学部哲学科に入学し、数理哲学を専攻しました。一九二四年京都帝国大学を卒業し、一九二六年に京都高等工芸学校、同志社女子専門学校の講師となります。一九二九年に大谷大学教授および神戸商科大学講師となります。一九三一年に三木清の後を受けて、法政大学講師となり、関西のすべての職を辞して上京しました。後に、法政大学予科教授となります。一九三二年に唯物論研究会の創立に参加します。その間の事情は前章で書きました。ここからは、戸坂潤の個人の理論的業績について述べたいと思います。

（1）戸坂潤の理論的業績

戸坂潤は第一高等学校では理科に在学していて、近代科学に関心が強く、京都大学哲学科では数理哲学を専攻し、卒業論文は「空間論」でした。空間とは何かということが問題でしたが、当時の日本の大学では新カント派の影響が強く、カント的な空間論が幅をきかせていました。カントは、空間は客観的にあるものではなく、「純粋な感性的直観の形式」であるとして、主観的・観念論的な解釈を行っていました。

戸坂はここからスタートしながらも、近代科学の発展段階を視野に入れて、新しい展望を開こうとします。そこには非ユークリッド幾何学やアインシュタインの相対性理論を、哲学的な空間論に取り入れるという優れた視点が見られます。彼は、最初はカントの空間論の枠内の議論にとどまっていました。しかし、日本の哲学界の非知性主義や神秘主義から自由であろうとする姿勢がすでに明瞭に見て取れます。

『科学方法論』（一九二九年）は「空疎な興奮でもなく、平板な執務でもなく、生活は一つの計画ある営みである」という有名な言葉から始まります。しかし、この著作はまだ新カント派的な思考を基調としており、全体として折衷主義的な性格が見られ、まだ唯物論の立場には立っていません。その後、戸坂は『現代哲学講話』（一九三四年）、『科学論』（一九三五年）、『日本イデオロギー論』（一九三六年）、『道徳論』（一九三六年）などでは、明確に唯物論の立場を確立し、そこから高い水準の議論を展開しました。そして「科学的精神」を掲げてファシズムの思想とたたかいました。

(2) 戸坂潤の科学論

ここでは、まず『科学論』を取り上げます。『科学論』は、唯物論全書の第一冊として三笠書房から一九三五年に出版されました。ここで戸坂は明確に唯物論の立場に立っています。まずカントの「物自体」論の批判的検討を行い、弁証法的な視点から模写説(反映論)を論じます。

戸坂　潤
(1900～1945)

日本の講壇哲学では、模写説は、見えるとおりに物があると思う素朴実在論に立脚するもので、ナンセンスなものであるとされていました。講壇哲学は、素朴実在論を未開人や子供の立場であり、常識人の立場であるとし、模写説はそれと同様に不確かなものであると批判してきました。そして講壇哲学は、世界は見えるがままに実在するのではなく、世界像そのものが科学の発展によってしばしば見直され、修正され、再発見されてきたのであって、認識とは主観による構成であると主張しました。

戸坂潤はこれに対して、世間の素朴な常識はそのようなナンセンスなものではないと断言します。「物は一度に現象するのではなく、次第に順を追って反映されるのである」と言います。模写説や反映論は、未開人や子供のものの見方ではなく、近代科学が繰返してきた認識過程を示すものであると言います。戸坂はまた「意識とは何か」と問い、「意識はなぜ自分とは別物である物を反映・模写できるのか」と問います。そして、「意識とは脳髄の所産である」と答え、意識が物質を反映できるのは、意識が自然の進化過程のある段階において自然のなかから発生したものであり、物質が物質を反映するからだ、と答えます。

講壇哲学者は、意識がつくった「意味の世界」を「意識の世界」と思っているが、しかし戸坂は、「意識の世界」は「存在する世界」を反映してこそ成立すると言います。しかも、「反映は死んだ鏡ではない」のであって、「意識する主体の自発的な能動性」の発揮であると言います。戸坂は、「認識するのは鏡ではなく、社会的に生きている実践的な人間である」、「反映・模写は主体の積極的・能動的な実践的活動によって、実際的な内容を得るのである」と指摘します。反映とは人間の実践を媒介とした知識の構成だとされます。この点も重要であると思われます。

以上のことを確認した上で、戸坂は、科学の性格について、その歴史的規定、あるいはそのイデオロギー性を指摘します。科学は階級社会ではさまざまな階級的制約を受けるものですが、同時に「科学の自立性」が存在すると言います。科学はそれ自身の論理的必然性に従って、理論内容が歴史的に発達するという「科学の論理性」の側面を指摘します。こうして、「科学のイデオロギー性」と「科学の自立性（論理性）」との統一という見地が、戸坂の科学論の要《かなめ》となります。この点は現代でも重要な視点であると思われます。

さらに戸坂は、常識と科学との関係についても論じます。常識を単に低俗なものとみるのは誤りであって、科学は研究を、常識は「クリチシズム」（批評）を「切断面」としていると言います。つまり、科学は研究があってこそ真理を獲得するのであり、常識は批評があってこそ見識になるのです。そして常識はジャーナリズムによって普及され、科学は大衆化され、常識化さるべきものであるという指摘も重要だと思われます。

（3）戸坂潤の道徳論

先に述べた『科学論』にもまして特徴的なのは『道徳論』（一九三六年）です。当時の講壇哲学の道徳論（倫理学）に対して、ここで戸坂は、明確に唯物論の立場から道徳論を位置づけて論じています。戸坂潤と岡邦雄との共著『道徳論』は唯物論全書の一冊として刊行されています。そのうち第一部が戸坂の筆になるものです。その第一部とは、第一章「道徳に関する通俗常識的観念」、第二章「道徳に関する倫理学的観念」、第三章「道徳に関する社会科学的観念」、第四章「道徳に関する文学的観念」からなっています。この最後の部分が戸坂の思想を表しています。

まず第一章の「通俗的常識的道徳」ですが、これは明治憲法的・教育勅語的・修身教育的道徳であり、要するに支配階級が国家の機能を動員して国民に押し付けている道徳のことです。その意味で、道徳は社会の上部構造であり、国民支配の道具です。その点で、戸坂は修身教育や徳育の専門家を批判します。通俗的常識的道徳は、徳目道徳主義であり、「知仁勇」「仁義礼知信」「忠孝」「忠君愛国」「三従の婦徳」などの徳目を学習したり、暗記したりすることを道徳教育だとしています。しかも、これらの徳目を永久不滅の人間性だと見て、絶対不動の国民的伝統という非歴史的観念にしています。

しかし、道徳は不変なものではなく、時代とともに変化するものです。この変化しうる道徳を批判し、道徳の常識的観念を批判して、道徳の不変性・絶対神聖性を打倒する唯一の武器・立脚点・尺度は、科学でなければならぬ、と戸坂は言います。「常識が道徳を好むのは、常識が科学を恐れるからである」。「科学の代わりに徳目を、これが現代におけるファッショのデマゴギーの秘密だ」と戸坂は言います。このようにして戸坂は、支配階級の道徳的イデオロギーに対して、科学的世界観を対置しています。

第二章「道徳に関する倫理学的観念」で戸坂は、近代倫理学はイギリスのホッブスから始まるとして、「万人は万人にとって狼である」という言葉を取り上げています。通俗常識はこのようなブルジョア社会における支配的常識にすぎないのであり、金儲け第一主義の自由主義経済の倫理はホッブスに代表されます。ここから現代の新自由主義を想定することも可能でしょう。しかし学問としての倫理学はそれだけではなく、古代のプラトンやアリストテレスの観念論的な倫理学から、中世を経過して、近代ドイツでブルジョア倫理学の代表者であるカントが登場します。しかしカントはあくまで観念論的倫理学の代表者です。

第三章「道徳に関する社会科学的観念」では、倫理学を社会理論（社会科学）と結合して、倫理学の独立性を廃棄したのが、マルクス主義であるとされます。マルクス主義の前提にはヘーゲル主義があります。戸坂は、ヘーゲルが倫理学と社会理論とを結合した点を重視します。ヘーゲルは、『法の哲学』の体系において、「客観的精神」（主観的精神が自分を客観化したもの）の第一段階が「法」であり、第二段階が「道徳性」であり、第三段階が「習俗性」・「人倫」（Sittlichkeit）であるとしました。この「習俗性＝人倫」には家族、市民社会、国家が含まれます。このように、ヘーゲルでは社会理論（法の哲学）が道徳理論になっているのです。

このヘーゲルのとらえ方が、マルクスの社会科学的な道徳理論の基礎となっていると戸坂は言います。初期マルクスの「ヘーゲル法哲学の批判序説」や「ヘーゲル国法論の批判」などの著作で、倫理学の代わりに社会科学的な道徳理論が生まれる基礎ができたのです。社会科学的な道徳理論の原則および方法である史的唯物論は、マルクスとエンゲルスの『ドイツ・イデオロギー』でその基本ができあがりました。こうして、道徳に関する社会科学的観念が成立したと、戸坂は言います。

さて、その社会科学的な道徳観念の内容ですが、それは「道徳は社会の上部構造である」、すなわち道徳はイデオロギーの一種であるということです。したがって社会の土台である生産様式の反映であり、社会が変化すれば、道徳も変化するということです。道徳は、社会生活が円滑に進行できるための行為の尺度であり、道徳の権威とは権力としての社会規範にすぎないと戸坂は言います。また、道徳もイデオロギーであるから、必然的に変化せざるを得ない。だから道徳は決して絶対的真理ではなく、階級社会である限り、道徳も階級的な規範にほかならないのです。これが「階級道徳ないし道徳の階級性」です。階級の変動は道徳の変革を必然的な結果とします。ここからブルジョア道徳とプロレタリア道徳との対立がおこります。しかし、階級社会がなくなれば、階級規範である道徳は積極的な意味をもたなくなると考えられます。こうして、「道徳は認識に解消する。」道徳の真理は科学的認識に解消する」と戸坂は言います。「道徳」は消滅する。「道徳」は終焉する。ここでは史的唯物論の見地を貫いて、道徳のイデオロギーとしての側面を解明しています。しかし、戸坂の道徳論はこれで終わりではありません。

第四章は「道徳に関する文学的観念」です。これまで見てきたように、通俗常識的道徳観念、あるいは倫理学では、道徳を不変不動の永久世界としますが、社会科学では道徳を変化し消滅するイデオロギーとして扱います。これらとは違って、広範な文化領域・社会領域に見いだされる道徳があると戸坂は言います。例えば、「文化的自由」とか「ヒューマニティー」(人間性・人道的自由)とか呼ばれるもの、これを仮に「文学的な道徳観念」と呼ぶとして議論を進めています。

社会科学は社会と「個人」を問題にしてきた。「個人」は社会科学の問題になる。しかし「個人」のほかに「自分」という次元がある。この「自分」という次元は「自己意識」「意味」という次元である。戸坂は、社会科学的範疇を改造して意味の世界と橋渡しする必要があるとして、この橋渡しを可能にするのは、空想力(想像力・構想力)とか、象徴力であろうと言います。これを別の言葉でいえば、道徳とは「自分一身上の問題」という側面があるということです。「真に文学的モラルは、科学的概念から、特に社会学的認識からまず出発しなければならない」。そして「この認識を自分の一身上の問題にまで飛躍させえたならば、その時はモラルが見出せた時だ」と戸坂は言います。こうして戸坂は、「科学的道徳概念」から「文学的道徳概念」への橋渡しが可能だとして、「文学的道徳・モラル」とは、「科学的認識、特に社会科学的認識を踏み渡ったうえでの、道徳・モラルでなければならぬ」と主張します。そして「道徳が自分一身上の鏡に反映された科学的真理であるという意味において、道徳はわれわれの生活意識そのものでなければならぬ」とされます。こうして、「科学的真理」を踏まえ、それを「自分一身上の問題」にまで飛躍させて、「道徳」を「生活意識」としてつくり上げること、これが戸坂の道徳論の結論です。

ここには当時の講壇哲学者に通例となっていた倫理学に対する明確な批判が見て取れます。講壇哲学は、カント哲学の弱点である叡知界と現象界との二元論に依拠して、実践理性の世界である道徳の次元と理論の領域とされる認識の次元とを峻別しました。このような観念論的思想に対して、戸坂は明確な唯物論的批判を行っているのです。戸坂は道徳の基礎に科学を置き、科学の基礎の上に「自分一身上の問題」としての道徳論を構築しようとしたのです。

2　永田広志

(1) 永田広志の生涯と理論活動

永田広志（一九〇四～一九四七年）は、長野県東筑摩郡山形村小坂で生まれました。兄弟姉妹九人の次男でした。山形尋常小学校から長野県立松本中学校に入学しました。抜群の成績で松本中学を卒業した彼は、一九二一年に東京外国語学校のロシア語科に入学します。彼の父親は、一高、東大と進ませたかったようでしたが、祖父がかかわっていた自由民権運動や白樺派の新しい村に関心を持っていた彼は、一九一七年のロシア革命に刺激され、ロシア語を学ぶため（当時、ロシア語科は早稲田大学と東京外国語学校にしかなかった）、専門学校であった東京外語に進んだのでした。一九二四年に東京外語を卒業した彼は、朝鮮の新義州に渡り、平安北道の警察部の通訳を務めていました。しかし、結婚した妻が病死したため辞職して帰国しました。

一九二七年から永田はロシア語文献を翻訳・出版を始めます。アクセリロード『ブルジョワ社会学の批判』（一九二七年）、デボーリン『哲学とマルクス主義』（一九二九年）、デボーリン『唯物弁証法の哲学』（一九二九年）などです。一九二九年に秋田雨雀、三木清、羽仁五郎らを中心として「プロレタリア科学研究所」が結成されると、上京してこれに参加します。プロレタリア科学研究所は科学的社会主義の理論的研究団体であり、いくつかの分科会がありましたが、永田は唯物弁証法の分科会で活動しました。研究所は弾圧のため一九三四年には壊滅させられますが、一九三二年創設の唯物論研究会によって、その精神は継承されることになります。

永田は、唯物論研究会の発起人の一人でしたが、『唯物論研究』創刊号に「運動の論理としての弁証法の特色づけ」を執筆しました。当時、弁証法についてさまざまな解釈がなされるなかで、永田は、弁証法とは「客観的世界の一般法則の思惟的反映」であるとし、三木清その他の不正確な理解を批判しました。同時にソビエト哲学界で「哲学におけるレーニン的段階」といわれていた「弁証法、論理学、認識論の同一性」についての議論に一石を投じたのです。同時にデボーリンを批判したミーチンの論文の翻訳・紹介などもしています。さらに永田は、「現代唯物論における認識論の問題」などを書き、認識論、模写説、党派性の問題など論じています。そして、マルクス主義哲学の著作として『唯物弁証法講話』（一九三三年）、『唯物史観講話』（一九三五年）などを出版しました。

戦後になって見田石介が次のように書いています。「日本のマルクス主義がそれまでのデボーリンやブハーリンの手を通したものとは一新されつつあった時期にぶつかって、唯研は新しい運動の主要な舞台になって行ったので、事務所も活気に満ちていた。これらの人たちは哲学の党派性の問題、自然弁証法の問題など、貧乏でろくなものも食べていないのに、寄ると触ると何時間でも議論をして疲れを知らぬというありさまだった」。過酷な弾圧の下であっても生き生きといていた三〇年代の青春が目に浮かぶようです。

一九三八年、永田広志は、唯研関係者の一斉検挙のさいに治安維持法違反で検挙されます。彼は非転向を貫いてたたかいますが、東京拘置所で持病の結核が悪化し保釈となり、郷里の長野県山形村で敗戦を迎えます。戦後直ちに活動を開始し、『自由主義・民主主義・社会主義・共産主義』（伊藤書店）、『哲学と民主主義――西田・田辺哲学批判のために』（古明地書房）を出版しました。しかし持病が悪化し、一九四七年九月七日、長野県松本市の自宅で死去しました。

(2) 日本唯物論史などの研究

永田は日本思想史の著作も残しています。『日本唯物論史』（一九三六年）、『日本封建制イデオロギー』（一九三八年）、『日本哲学思想史』（一九三八年）などです。いずれも優れた仕事です。『日本唯物論史』は江戸時代の安藤昌益や山片蟠桃を中心として、朱子学、陽明学、徂徠学、国学、洋学などにも目を配り、そのなかに科学的世界観の芽生えを探っています。次いで明治初期の啓蒙主義的思想家である福沢諭吉を中心に検討を加え、唯物論者ではあるが反動的な社会ダーウィン主義者の加藤弘之を検討し、さらに、ルソーの思想を日本に導入した民主主義的唯物論者である中江兆民について論じるなど、マルクス主義導入以前の思想家の研究が行われています。

『日本封建制イデオロギー』では、日本封建時代の思想史の叙述でなく、むしろこの思想史の研究の前提となる理論問題の解明に重点を置いたものです。日本を孤立的にとらえるのではなく、世界的連関において日本の各時代のさまざまな思潮の特質を解明することを目指したものです。

『日本哲学思想史』は先の『日本封建制イデオロギー』を受けて、徳川時代を中心とする哲学思想の歴史の概観を与えることが目指されています。いずれも戦時中の著作です。

永田は、敗戦後、自由に言論活動ができるようになった時代に、わずか二年ほどでしたが、この間にいち早く言論活動を開始し、「哲学と民主主義」や「日本における自由主義の哲学」などの論文を執筆しました。これらは、遺著となった『哲学と民主主義』（一九四八年、古明地書店）に収められています。このなかで永田は、まず福沢諭吉を取り上げて、「独立自尊」を掲げた反封建の思想家・唯物論者・無神論者であった点を評価しながらも、しかし絶対主義とたたかう人民の思想家ではなく、「官民の調和」「国権の拡張」を説くようになった点に限界を見出しています。次いで、福沢よりも徹底した急進的自由主義者、唯物論者、無神論者であった中江兆民を高く評価します。さらに元東大総長・加藤弘之をあげ、自然科学万能思想、社会ダーウィン主義により自由民権運動に対抗した御用学者の代表として告発しています。哲学者としては、井上哲次郎を取り上げ、絶対主義合理化のためドイツ観念論を採用したことを指摘しました。

さらに、日本帝国主義が軍国主義の傾向を強めるなかで日本主義・日本精神主義が台頭する経過を述べて、そのなかでアカデミーの自由主義者として、蒙昧主義的な日本精神主義にも左袒せず、唯物論にも加担せず、普遍的真理の名において、民族や階級を超越した哲学を標榜した、西田哲学を論じます。これは日本の自由主義が絶対主義と妥協した形態であるとされます。そして敗戦後、日本精神主義などの軍国主義的哲学が歴史の前景から退場せざるを得なくなった場面で、最も有力な反動哲学として残るのはおそらく西田哲学であろうと述べています。さらに、戦後いちはやく田辺元は『懺悔道の哲学』などを書きましたが、西田哲学と社会民主主義とを結びつける試みである田辺哲学を警戒するように呼びかけています。なお、永田のこの著書には、三木清、戸坂潤の二人の獄死を悼んで、

「両思想家喪失の文化史的意義」という時評も掲載されています。永田がこの二人をどれほど高く評価していたかがわかります。

3　古在由重

古在由重（一九〇一～一九九〇）は東京で生まれました。第一高等学校理科から東京帝国大学文学部哲学科に進み、桑木厳翼《げんよく》教授や鹿子木員信教授などに学びます。卒業後、資本主義の矛盾によって苦痛を感じている人びとの側に立って、新カント派的立場から、マルクス主義的唯物論に移行します。日本共産党の『赤旗《せっき》』に協力したため、一九三三年に治安維持法違反で逮捕されましたが、病気のため釈放されました。戸坂潤らの唯物論研究会には一九三五年から協力し、翌年に正式に加盟し、理論的活動に参加しました。そして「唯物論全書」として『唯物論通史』（松原宏〔菅豁太郎の筆名〕の名で古在が大部分を執筆、一九三六年）、『古代哲学史』（一九三六年）や『現代哲学』（一九三七年）を出版しました。

『現代哲学』は、現代観念論に対する批判的概括によって現代哲学の根本性格を明らかにすることを目指したものです。観念論のドイツ的形態とアメリカ的形態との比較分析や、その推移の追求は鮮やかです。哲学には古来、科学としての役割と人びとに生き方を指し示す世界観としての役割という二つの側面が期待されてきました。しかし、帝国主義時代の観念論にとっては、この二つは両立し得ない「二つの極」となっているということを古在は詳しく論じています。この仕事は優れた成果であると言えましょう。批判の対象を単に「観念論」であるとか、「保守・反動」であるとか決めつければ済むわけではありません。古在は、一九世紀後半以降の観念論が一般に、科学と世界観との宿命的な分裂に陥り、一方の「生の哲学」などに見られる科学抜きの世界観（世界観主義）と、他方の「科学哲学」などのように世界観抜きの科学（科学主義）とに分裂していることを明らかにします。そして、そのような不毛な思想的対極に陥ってしまう内的衝動を解剖しています。古在は言います。「科学への要求は必然的に哲学の観想化および遊戯化へ、現実性への要求は必然的に哲学の主観化および神秘化へみちびかざるをえない」。そして、このような現代観念論に対して、現代唯物論である弁証法的唯物論は、プロレタリアートの生活実践とむすびついて一個の科学まで精錬した「真の世界観科学」であり「科学的世界観」であると論じています。

古在の『現代哲学』は、現代の思想状況への優れた解剖図となっています。このような古在の仕事は国際的にも評価され得るものです。戦後に出版された、ハンガリーの哲学者ルカーチによる『理性の破壊』が、これとよく似た現代観念論批判を書いていることを思い出させます。古在の『現代哲学』はこれに先行する業績といえると思います。

古在の『現代哲学』を可能ならしめたのは、当時の世界の思想状況と言えるでしょう。日本でもドイツと同様に、帝国主義の時代がその経済的危機を深刻化させました。ファシズム期には「生の哲学」などが反理性的な方向へと狂暴化し、「攻撃的、行動的、戦闘的」傾向を強めました。とりわけドイツでは、「世界観」がついに「人種観」にまで矮小化されました。このような状況が、古在の科学的な分析力を鍛えたのだと言えるでしょう。

戦後になって、古在は一九四六年に民主主義科学者協会の設立にかかわり、その哲学部会のメンバーとして活躍しました。また民主主義運動、平和運動にも参加しました。彼は東京工業大学、専修大学の非常勤講師を務めた後、名古屋大学文学部教授、市邨学園短大教授を歴任しました。そして日本のマルクス主義哲学の発展と普及に功績を残して、一九九〇年三月六日に死去しました。

4　船山信一

船山信一（一九〇七～一九九四）は山形県に生まれました。一九三〇年に京都帝国大学文学部哲学科を卒業し、ヘーゲル『精神哲学』を翻訳し出版しました（岩波文庫一九三二年）。一九三二年に唯物論研究会ができると、これに加盟して大いに活躍しました。永田広志が「認識論としての弁証法」という論文を発表しましたが、それは認識論（弁証法）を専ら思考様式の学に解消するという主観主義的傾向を含んだものでした。これに対する批判において、船山信一が重要な役割を果たしました。船山は「弁証法・認識論・論理学の同一性について――前進のための批判的試論」を書きましたが、これに対して、主観主義ないし認識論主義だとする批評が出たために、船山は「『認識論主義』の批判にこたえる」という反論を書いています。

船山は「レーニンは弁証法・論理学・認識論は同一であるといい、三つの言葉は必要ないとさえ言っている。人びとはこのことからレーニンは三つのものを全然相覆うもの――全くイコールなもの――と考えていたということを導き出してくるかもしれない。だが、私のみるところによればこれは誤りであって、レーニンは同一性を抽象的形式論理学的同一性として考えていたのではなく、弁証法的同一性を、すなわち同一性における差別性を見ていたのである。だからこそ、三つのものの同一性が問題となるのであり、（全然イコールならば問題にならない）同一性における差別性・差別性における同一性が、ここでは具体的には如何なる事を意味するのかを究明することが、必要となるのである」と論じました。そして「レーニンが弁証法・論理学・認識論は同一物であるという時、三つのものを同じ重みでもって並べたのではない、重点は認識論にあるのである。彼は弁証法・論理学を認識論としてみることを要求しているのである」。これが船山の議論の中心であります。

これに対して、永田広志、沼田秀郷、本多修郎、小西栄治、山田坂仁らの人びとがさまざまに批判したり、補足したりして議論を展開しましたが、論争の中心で活躍したのは船山信一でした。この論争によって、わが国における弁証法と認識論（唯物論的認識論、反映論）についての理解は格段と深められたのでした。

船山は、一九三八年に治安維持法違反として唯物論研究会が弾圧されたさいに逮捕され、有罪とされました。戦後は、立命館大学教授、京都大学非常勤講師などを務めました。『明治哲学史研究』（ミネルヴァ書房、一九五九年）、『大正哲学史研究』（法律文化社、一九六五年）、『ヘーゲル哲学体系の生成と構造』（岩波書店、一九六三年）、および『フォイエルバッハ全集』（福村書店）の全訳など、多くの著作を出版しました。

5　甘粕（見田）石介

甘粕石介（一九〇六〜一九七五）は島根県津和野町で生まれました。富山県立中学から第四高等学校理科を経て、京都帝国大学文学部哲学科に進学しました。西田幾多郎教授の下で学びましたが、一年で西田教授が定年退職したので、波多野精一教授の下でヘーゲル哲学を学びました。ここで甘粕姓と見田姓との関係について一言します。元来の姓は甘粕でしたが、成人してから見田家の養子となり、見田家を継ぐことになり、戸籍上は、見田石介となりました。しかしペンネームとして以前からの甘粕石介を使い続けていたのですが、戦後、大阪市大の講師となったときに、ペンネームを改めて戸籍名と一致させるようにしたということです。

京都大学を卒業後、一年間は平安女学院の講師を務めました。一九三二年唯物論研究会が結成されると、これに入会しました。このころ『ヘーゲル哲学への道』（清和書店、一九三四年）、「唯物論全書」として『芸術論』（三笠書房、一九三五年）などを出版しています。一九四〇年、治安維持法違反で逮捕されましたが、起訴猶予となります。一九四〇年以降、日大予科の講師となり、戦時中を過ごしました。戦後、一九四七年から民主主義科学者協会の機関誌『理論』の編集責任者（専従）となります。間もなく中華人民共和国が成立し、朝鮮戦争が起こると、アメリカ占領軍の対日政策の変更が行われ、日本の左翼勢力への弾圧、いわゆる「レッドパージ」が始まり、その影響で、雑誌『理論』の経営も困難となり、停刊をすることが余儀なくされます。失業した見田石介を一九五一年に大阪市大経済学部が経済哲学の講師として招くことになりました。見田は一九六一年に教授となります。

戦後における理論的業績としては、『科学論』(青木書店、一九五八年)、『資本論の方法』(弘文堂、一九六三年)、『価値および生産価格の研究』(新日本出版社、一九七二年)などがあります。これらのなかで、『資本論』理解におけるヘーゲル主義的偏向に対する批判が徹底して行われました。そして「分析的方法を基礎する弁証法的方法」が明らかにされました。また「対立」と「矛盾」との混同を批判して、弁証法的矛盾の意義を明確にしたことも、見田石介の業績のなかに数えられねばならないでしょう。

見田石介は、一九七五年八月九日の夜に大阪府富田林市の自宅で心筋梗塞のため他界しました。当日の昼間は関西勤労協の哲学講座で講義を行っていました。

本書で紹介した人物の生没年

1700年 / 1800年 / 1900年 / 2000年

人物	生年	没年
安藤昌益	1707	55
山片蟠桃	1748	1821
西　周	1829	97
津田真道	1829	1903
福沢諭吉	1835	1901
加藤弘之	1837	1916
森　有礼	1847	89
中江兆民	1847	1901
井上哲次郎	1855	1944
片山　潜	1859	1933
西田幾多郎	1870	1945
幸徳秋水	1871	1911
河上　肇	1879	1946
三木　清	1897	1945
戸坂　潤	1900	45
古在由重	1901	90
永田広志	1904	47
甘粕石介	1906	75
船山信一	1907	94

参考

人物	生年	没年
マルクス	1818	83
エンゲルス	1820	95

（学習の友社編集部作成）

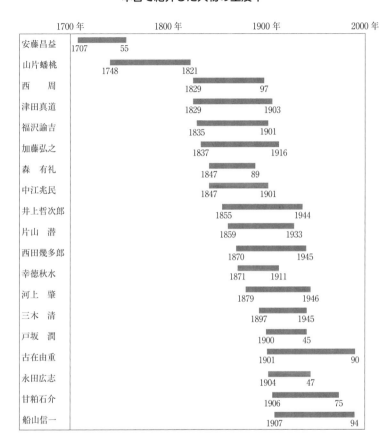

あとがき

牧野　広義

本書の著者の鰺坂真先生は、二〇二二年一月六日に逝去されました。享年八八歳でした。本書のもとになる原稿は、二〇二一年一一月に学習の友社に送付されていました。労働者教育協会の企画編集委員会では、先生の本を学習の友社から出版するにあたって原稿をいっそう読みやすいものにしていただくことをお願いすることにしました。私は、企画編集委員の一人として、また先生の後輩として関西唯物論研究会などでご一緒してきましたので、企画編集員会の意向を先生にお伝えしました。一二月四日には京都の先生のご自宅にうかがって、最終原稿の作成のための打合せを行いました。先生は、最終原稿を早急に仕上げて、二〇二二年春には本書を出版する予定をされていました。しかし先生は二〇二二年の年明けに急逝されました。大変残念なことでした。

先生が残された原稿は完成に近いものでしたので、私は先生と話し合った方針に従って、本書の最終原稿を仕上げる仕事に取りかかりました。その過程で、中国哲学がご専門で日本思想史にも詳しい村瀬裕也氏（香川大学名誉教授、勤労者通信大学哲学教科委員）に鰺坂先生の原稿を読んでいただいて、改善のためのご意見をうかがいました。このような作業を経て二〇二二年一一月にようやく最終原稿を完成することができました。その後の校正の過程でも、村瀬氏から貴重なご意見をいただきました。そのお陰で、鰺坂先生の主張をけっして変更することなく、より読みやすい本にすることができたと思います。

鰺坂先生は、カントやヘーゲルのドイツ古典哲学とマルクス・エンゲルスの科学的社会主義の哲学の研究を進められ、大学や労働学校などで幅広い教育活動を行ってこられました。関西勤労者教育協会（関西勤労協）と京都労働者学習協議会（京都学習協）の副会長も務めてこられました。また一九九九年と二〇〇〇年の大阪府知事選挙に立候補されるなど、日本社会の民主主義的変革のための活動も精力的に行ってこられました。

そして二〇〇四年から二〇一六年にかけて関西勤労協で「日本哲学史――近世から戦前まで」や「日本国憲法にいたる近代思想史」、「戸坂潤と唯物論研究会の人々」、「明治啓蒙主義と自由民権運動の思想家たち」などのテーマで「鰺坂ゼミナール」を担当され、京都学習協や兵庫県労働者学習協議会でも日本唯物論史に関する講義を行ってこられました。この過程で、戸坂潤、永田広志、河上肇、福沢諭吉などをはじめとして、日本唯物論史にかかわる論文や評論も多く執筆されました。これらの講義や論文などが本書のもとになっています。

本書には、以上のような先生の多面的な理論と実践および教育活動の経験が生かされています。日本の唯物論史が骨太くとらえられ、明快で分かりやすい叙述になっています。本書から、日本の唯物論史の貴重な財産を学んでいただきたいと思います。

本書を完成するためにお世話になった村瀬裕也氏と学習の友社の皆さんに心からお礼を申し上げます。

二〇二三年一月二〇日

【著者紹介】
鰺坂　真（あじさか・まこと）
1933年生まれ
京都大学大学院博士課程修了。関西大学名誉教授。
労働者教育協会常任理事、関西勤労者教育協会副会長、全国革新懇代表世話人などを歴任。1999年、2000年に大阪府知事選挙に立候補。2022年1月6日死去。

［おもな著書］
『ヘーゲル論理学入門』（共著、有斐閣、1978年）
『自由について』（大月書店、1981年）
『現代哲学概論』（共編著、青木書店、1990年）
『現代日本文化論の研究』（共著、白石書店、1991年）
『マルクス主義哲学の源流』（学習の友社、1999年）
『科学的社会主義の世界観』（新日本出版社、2002年）
『ドイツ古典哲学の本質と展開』（関西大学出版会、2012年）など

日本唯物論史を学ぶ

2023年3月30日　初版
2023年6月15日　第2刷
定価はカバーに表示

鰺坂　真　著

発行所　学習の友社
〒113-0034　東京都文京区湯島2-4-4
TEL03（5842）5641　FAX03（5842）5645
振替　00100-6-179157

印刷所　モリモト印刷

落丁・乱丁がありましたらお取り替えいたします。

ＩＳＢＮ　978-4-7617-0741-5　C0036